"Por todas las esquinas de la vida se escuchan corazones hablando". Algunos hablan en una sinfonía de gozo, otros, en una ventilación de melancolía. En las oficinas de consejería se destilan los dolores sonoros de corazones heridos que han perdido la esperanza.

¿Cómo les levantaremos? ¿Cómo les edificaremos? ¿Cómo los vamos a consolar? ¿Cómo los ayudaremos a triunfar en medio de la adversidad?... Doy gracias a Eddie Joel, quien con sensibilidad y pericia admirables nos recuerda el poder de nuestras palabras y su utilidad en un fin transformador. Nos brinda herramientas prácticas para que los corazones puedan reír, soñar y volver a empezar. Estoy segura que este libro será un instrumento útil para ver la luz de la aurora, aún cuando más oscura esté la noche".

Dra. Lis Milland

Ser comunicador es una gran responsabilidad y comunicar lo correcto aún más. Hablar de comunicación y pensar en Eddie Joel Martínez es una misma realidad. La pasión con que comunica lo ha llevado a desarrollar este trabajo de altura, llamado "Comunicadores de Esperanza". Agradezco la deferencia de haber utilizado como ejemplo una de mis charlas tituladas "Voces Alternas".

En mi experiencia de cuarenta años de comunicador le recomiendo este libro que tiene en sus manos; pues servirá de autoayuda para inspirar, activar, resaltar y modelar la manera en que debemos comunicar nuestro mensaje; pero no cualquier mensaje tiene que ser el mensaje de la esperanza. Al leer "El lenguaje de los que triunfan" tendrás un encuentro de conocimiento y sabiduría.

Pastor Iván Clemente

EL LENGUAJE DE LOS QUE TRIUNFAN

EL PODER DE LAS PALABRAS Y CÓMO INFLUYEN EN LOS DEMÁS

El lenguaje de los que triunfan por Eddie Joel Martínez para Intimidad Musical Producciones.

Primera edición impresa en Estados Unidos.

No se autoriza la reproducción total o parcial de este libro, ni su transmisión en ningún medio - electrónico, mecánico, fotocopia, grabación u otros - sin permiso previo por la editora.

Las historias narradas en este libro son hechos reales. Los nombres han sido cambiados para proteger la identidad de los personajes.

A menos que se indique lo contrario, el texto Bíblico ha sido tomado de la versión Reina-Valera © 1960 Sociedades Bíblicas en América Latina;
© renovado 1988. Sociedades Bíblicas Unidas. Utilizado con permiso.
Reina-Valera, 1960® es una marca registrada de la American Bible Society, y puede ser usada solamente bajo licencia.

El texto bíblico marcado (NVI) ha sido tomado de la Santa Biblia,
Nueva Versión Internacional ®NVI® copyright © 1986, 1999, 2015 por Bíblica, Inc. ® Usada con permiso. Todos los derechos reservados mundialmente.

El texto bíblico indicado con (NTV) ha sido tomado de la Santa Biblia,
Nueva Traducción Viviente, © Tyndale House Foundation, 2010.
Usado con permiso de Tyndale House Publishers, Inc., 351.
Executive Dr., Carol Stream, IL 60188, Estados Unidos de América.
Todos los derechos reservados.

El texto bíblico indicado con (RVC) corresponden a la versión
Reina Valera Contemporánea ® © Sociedades Bíblicas Unidas, 2009, 2011.

Las Escrituras marcadas como (DHH) son tomadas de la BIBLIA DIOS HABLA HOY, 3ª EDICIÓN. Dios habla hoy, Tercera edición © Sociedades Bíblicas Unidas 1966, 1970, 1979, 1983, 1996. Utilizado con permiso.

Copyright © 2018 por Eddie Joel Martínez.
Todos los derechos reservados.

Visite la página web de la autor: www.comunicadoresdeesperanza.com

Revisión:
Corrección general y de estilos: Jerson Carvajal.

Director de diseño: Moises Duval
Fotografía: Danny Gutiérrez para DGtal Films.
Diagramación: Jessy Lizardo / Moisés Duval.

ISBN: 978-0-692-15310-9
Categoría: Vida Cristiana / Crecimiento Personal / Liderazgo

(Dedicatoria)

Dedico este libro al comunicador más grande de todos los tiempos, nuestro Salvador y Señor JESUCRISTO, y luego a cada Comunicador de Esperanza, aquellos que usan sus palabras como medicina y no como armas hirientes.

A aquellos maestros y maestras, predicadores, cantantes, líderes comunitarios, locutores, periodistas, consejeros, psicólogos, entrenadores y muchos otros que, sin importar su oficio o posición social, utilizan sus bocas como fuente de sabiduría e inspiración y cumplen con el mandato bíblico que dice: Ninguna palabra corrompida salga de vuestra boca, sino la que sea buena para la necesaria edificación, a fin de dar gracia a los oyentes" Efesios 4:29. En especial a dos comunicadores de esperanza que han sido pastores, mentores y modelos de inspiración para mí: el Dr. Jaime Galarza Sierra, quien fue usado por Dios para ayudarme en mi desarrollo académico y ha sido un padre espiritual para mí, quien siempre ha creído que podré alcanzar más de lo que he logrado hasta hoy. Nunca olvidaré el día que me invitó a regresar a la universidad y fue mi guía hasta aquel el día en que me puse de pie frente a una multitud, para proclamar el discurso de graduación de mi clase, en la Universidad Interamericana de Puerto Rico. Y a mi Pastor René González, quien con su ejemplo de esposo, padre y ministro me ha mostrado que es posible honrar a Dios y motivar la fe de la gente a través de un mensaje de aliento y restauración. De ahí su expresión favorita: ¡No te rindas!

¡A mi amada esposa Karla, quien ha estado junto a mí, creyendo que Dios usará nuestras vidas para bendecir y guiar a otros! Y a nuestros hijos: Karelyn, Alba y Ediel. ¡Los amo! Ustedes son mi más grande bendición.

A mi madre Eva, por sus constantes oraciones para que Dios siempre guíe mis pasos. Y a mi padre Miguel y mis hermanos, Danny, José Miguel y Eva Michelle.

¡Les amo!

Agradecimientos Especiales

Agradezco a Yamil De la Cruz y Johanni Reyes, de Intimidad Musical, así como a mi hermano José Daniel Martínez, por su compromiso con la publicación de este libro.

CONTENIDO

Prólogo Pag.13

Introducción Pag.15

CAPÍTULO 1:
Una visión llamada Comunicadores De Esperanza Pag.19

CAPÍTULO 2:
El uso estratégico de nuestras palabras Pag.35

CAPÍTULO 3:
Jesús como comunicador; el maestro de la esperanza Pag.49

CAPÍTULO 4:
Tu identidad espiritual y tu lenguaje Pag.63

CAPÍTULO 5:
Abigail, un modelo para esperanza Pag.83

CAPÍTULO 6:
Palabras para sanar Pag.97

CAPÍTULO 7:
Cuatro principios del lenguaje de los que triunfan Pag.113

PRÓLOGO

Hablar es una de las facultades que nos otorga el Creador para expresarnos (porque nos podemos expresar de diversas maneras).

Si el poder platicar es importante, más importante es lo que comunicamos a través de lo que hablamos.

Todos necesitamos relacionarnos a través de la comunicación, porque en algún momento en la vida nuestros caminos se cruzarán.

La vida se trata de: relacionarse los unos con los otros. Esa relación se puede fortalecer o debilitar a través de lo que hablamos. Nuestras palabras pueden crear puentes para acercarnos los unos a los otros.

En ocasiones, lo que hablamos nos separa de la gente que amamos y de nuestro destino. Permíteme preguntarte: ¿Qué estás hablando y qué se produce cuando hablas?

La efectividad de nuestra comunicación consiste en hablar con transparencia, sencillez y, sobretodo, hablar la verdad. En honor a la verdad, hablamos lo que somos; porque lo que hablamos refleja lo que hay dentro de nosotros.

Por más de diez años he tenido el honor de ser pastor de Eddie Joel Martínez. Soy testigo de su desarrollo, he visto su crecimiento como comunicador tanto en la radio y televisión, como reportero de uno de los noticieros de nuestro país y en nuestra comunidad de fe como predicador de la palabra de Dios.

Su insaciable deseo por comunicar valores y aportar al desarrollo de nuestro pueblo lo mueve a entregarnos, en esta ocasión, valiosas herramientas que nos ayudarán a comunicarnos con claridad y efectividad. Hay alguien que necesita escuchar, no solo tu voz, necesita escuchar el mensaje transformador que le dará vida a sus sueños.

Este libro contiene relatos de superación, verdades y herramientas que harán que superes tus miedos. Descubrirás que no es necesario hacer comparaciones, porque tú posees lo necesario para ser un comunicador de esperanza.

René González
Cantautor y pastor

INTRODUCCIÓN

La fe no admite dudas y no cruza los brazos, no se sujeta al tiempo ni se rinde al fracaso; la fe sigue luchando; es pues la fe, el lenguaje de los que triunfan.

La fe - Cantautor pastor René González

Este libro tiene como propósito inspirar y equipar a personas comunes para la extraordinaria tarea de sanar las emociones y el espíritu de nuestra gente, con el poder de la fe, comunicado a través del uso responsable de nuestras palabras, siendo guiados por el discernimiento que nos otorga el Espíritu Santo. Aspiro que sea un manual para formar comunicadores de esperanza que produzcan cambios sociales profundos a través de la transformación espiritual de nuestra gente.

A través de cada capítulo encontrará ilustraciones, relatos e historias verídicas que le inspirarán a ser un comunicador con un compromiso social para salud mental y emocional de su nación. Además, verá principios bíblicos que avivarán su pasión por la evangelización del mundo.

Conocerá la historia de Lis y su encuentro con un mentor que transformará la visión que tiene de sí misma y le inspira a transformarse en una Comunicadora de Esperanza. Veremos, a través de la historia de David, Abigail y Nabal, cómo la palabra de Dios nos enseña principios de libertad emocional y espiritual para ejercer liderazgo comunicacional. De David aprendemos a cuidar nuestras emociones, reforzaremos nuestra dignidad, para no ser secuestrados emocionalmente por el poder tóxico de las palabras mal intencionadas de personas, que actúan como Nabal.

Veremos en la figura de Abigail, la importancia de actuar como mediadores de conflictos, llenos de descernimiento espiritual, capaces de impulsar a aquellos que hoy en día viven emocional y espiritualmente cautivos, aun teniendo una palabra profética sobre sus vidas.

Lo que aprendemos aquí sobre comunicación y lenguaje para triunfar proviene del modelo que nos dejó aquel a quien catalogo como el comunicador más grande de todos los tiempos, nuestro maestro Jesús de Nazaret. Te invito a aprender los principios que él usó para impactar al mundo con sus palabras y le pido al Espíritu Santo de Dios que los haga reales en ti.

Al cierre de esta obra entrego 4 principios de comunicación, que aprendí de los ministros René González, Jaime Galarza, Edwin Rivera Manso e Iván Clemente. Estos principios son fundamentales para que usted comience a hablar el lenguaje de los que triunfan.

Le invito a leer este libro con la mente y el corazón abiertos, dispuesto a tener una nueva experiencia a través de la cual usted responda a la voz de Dios, quien nos llama a comunicar esperanza y buenas nuevas de salvación.

Y la esperanza no averguenza; porque el amor de Dios ha sido derramado en nuestros corazones por el Espíritu Santo que nos fue dado.
Romanos 5:5

Capítulo 1

Una visión llamada
Comunicadores de Esperanza

Bosquejo
Estructura: Propósito + 4 puntos fundamentales

Punto 1. Seamos voces alternas.
Punto 2. Forma cultural y pueblerina de hablar.
Punto 3. Una palabra de fe.
Punto 4. Edificadores espirituales.

Propósito

En síntesis, propongo una transformación de todas las dimensiones de nuestro lenguaje hasta llegar a ser lo que yo llamo: "Comunicadores de Esperanza". La razón de mi propuesta es la necesidad de "voces alternas" que tenemos en nuestra sociedad. Voces que contrarresten el negativismo y el desaliento que nos rodea.

VOCES ALTERNAS

"El líder debe ser un comunicador. Podrá tener otras habilidades debido a la especialidad a la que se dedica, pero primero y sobre todo, debe ser un comunicador".

John Edmund Haggai

¿Por qué propongo una modificación de nuestro lenguaje? Porque entiendo que necesitamos lo que, en una cumbre de esperanza, el pastor y autor Iván Clemente llamó: "Voces Alternas"; voces que contrarresten el discurso desalentador y enfermizo con el que somos bombardeados a diario. Porque a todos nosotros, sin importar nuestro nivel de educación, nuestros recursos económicos y las circunstancias que han rodeado nuestro desarrollo como seres humanos, Dios nos invita a cambiar el tono pesimista y negativo que domina los medios de comunicación y las redes sociales. Porque el discurso de derrota y depresión se propaga por el mundo, como un virus, las vidas de nuestros hermanos se nos pierden como agua entre las manos, y debemos ser solidarios. Porque las estadísticas de salud mental en el mundo evidencian el deterioro del alma humana, reflejado en trastornos mentales de toda índole, que muchas veces desembocan en suicidios y en violencia generalizada.

Permítame ilustrar esta afirmación a través del siguiente relato:

Una joven consejera profesional recién graduada y con grandes deseos de dar esperanza a los demás, anhelaba tener la oportunidad de escuchar en persona a un afamado conferencista internacional, experto en el arte de la oratoria, el discurso persuasivo y formación en el liderazgo.

> **Voces Alternas; voces que contrarrestan el discurso desalentador y enfermizo con el que somos bombardeados a diario.**

A este gran líder, quien era un autor de "Bestsellers", se le conocía como el Dr. John Salomón Smart, un consultor ampliamente solicitado por ejecutivos de alto nivel, y cuyas técnicas de comunicación eran presentadas por los vendedores más exitosos del mundo de los negocios. Sin embargo, su gran anhelo es transmitir sus conocimientos a personas que tuvieran la determinación necesaria para cambiar los pensamientos pesimistas que dominan y gobiernan la mentalidad colectiva de la sociedad actual, por medio de la exposición del mensaje de esperanza que brota de la fe.

Tristemente, algunos de sus seguidores buscaban obtener éxito financiero y ostentar el poder del liderazgo a toda costa. Eso lo decepcionaba. Pero el día que conoció a Lis, la joven consejera de nuestra historia, descubrió en ella el corazón apasionado por las almas que siempre había buscado. En ella vio la tierra fértil para sembrar las semillas de sabiduría y conocimiento que por largo tiempo andaba buscando.

Era un viernes caluroso de abril, en la ciudad de Miami, cerca de la una (1:00) de la tarde. Lis Narváez Galarza, una joven de veinticinco (25) años, con piel morena, ojos color café y cabello rizado, aterrizó en el aeropuerto internacional de la "Capital del Sol", una ciudad multicultural que sirve como puente entre los Estados Unidos, América Latina y el Caribe. Lis había hecho este viaje con muchos sacrificios, y traía consigo sueños y esperanzas.

Su vuelo llegaba procedente de San Juan, Puerto Rico, seis (6) meses después del impacto de un devastador huracán que dejó sin techo a miles de familias, destrozó la economía, dejó sin servicio eléctrico al noventa (90) por ciento de la isla, provocando la salida de miles de puertorriqueños que huían del desastre humanitario que desató la tormenta. El huracán provocó, también, destrozos emocionales en la población, por lo cual, las tasas de suicido postraumático aumentaron.

Luego de haber nacido y vivido toda su infancia en Nueva York, adonde sus padres habían emigrado, decidieron enviarla a Puerto Rico para completar sus años de universidad. Estudió un Bachillerato en Trabajo Social, en la universidad pública, y cuatro (4) meses antes del paso del huracán por Puerto Rico, había culminado su Maestría en Consejería Profesional.

Lis vivió el impacto causado por el huracán, refugiada en la casa de su abuela en Puerto Rico. A pesar de sus duras vivencias, Lis cargaba dentro de sí un llamado a las misiones y tenía una pasión indescriptible por levantar la esperanza de las personas, a través de la fe en Jesús.

Esa pasión la impulsó a unirse a grupos voluntarios con los cuales recorría los campos más recónditos de la isla, suministrando víveres, brindando apoyo psicológico e impartiendo palabras de fe entre las víctimas. Su pasión por el llamado a las misiones aumentó tras cada encuentro con los damnificados en cada uno de los refugios.

Su apasionante llamado al servicio era la verdadera razón por la que Lis había buscado ayuda de sus amigos para sufragar los gastos de traslado a Miami y así poder escuchar en persona al Dr. Salomón Smart, en su muy famosa conferencia: "El lenguaje de los que triunfan"; una conferencia a la que solo se asistía por invitación del instituto Smart y costeando las escasas y costosas entradas que se colocaban a la venta por internet durante un corto periodo de tiempo. En resumen, Lis logró, por providencia Divina, estar sentada en la conferencia del líder y autor que más había influenciado en ella para servir a los demás; pero no solo eso, Dios había preparado una cita con propósito entre discípula y mentor.

Durante la conferencia y cuando ya había pasado el período de presentaciones en el cual Lis y los demás habían tenido la oportunidad de conocer al Dr. Salomón Smart y cruzar unas breves palabras de introducción, el conocido orador internacional decidió elegir entre el público algún líder en desarrollo que se beneficiaría de una sesión de "coaching" individualizada. Así fue como el sueño de Lis, milagrosamente se materializó ante sus ojos. Sin titubear y por discernimiento espiritual, el Dr. Salomón Smart, señaló a la joven consejera entre todos los asistentes, para compartir con ella, no solo sus tácticas de orador inspiracional, sino su pasión por la liberación de los cautivos emocionales, esos que viven presos en el espíritu, decepcionados de sí y con los sueños archivados en los anaqueles del pasado.

En la primera sesión de "coaching", el Dr. Salomón Smart le preguntó a Lis si había algo en ella que le causara temor limitante al momento de hablar en público. Ella le reveló que su más grande vergüenza era su forma de hablar el español, debido a su crianza como puertorriqueña en la ciudad de Nueva York, donde a veces su español se entremezclaba con su inglés, resultando en una especie de "espanglish", que para ella no estaba a la altura de sus conocimientos académicos eso me avergüenza y me hace cohibirme al hablar en público".

El sabio mentor pudo discernir que detrás del argumento de Lis había otros complejos que solapadamente amenazaban con limitar el potencial de su joven pupila.

¡No debemos sentir complejo alguno con respecto a nuestro origen étnico y nuestras características lingüísticas y culturales!

¡Después de todo, en la vida no importa tanto de dónde vienes, lo que más importa es hacia dónde vas!

Según el catedrático Gabriel Paisi: "El español es un idioma rico en variaciones lexicográficas regionales. Cada uno de nuestros países de habla hispana ha desarrollado una riqueza lingüística que le añade variedad, personalidad y carácter".

FORMA CULTURAL Y PUEBLERINA DE HABLAR

La forma cultural y pueblerina de hablar puede ser una excelente herramienta a nuestro favor, y no una excusa para no cambiar nuestro lenguaje de derrota por uno de esperanza y fe. No hay que abandonar nuestra personalidad y cultura por "vana palabrería" y terminología rebuscada. Hacer tal cosa es sucumbir ante nuestro deseoególatra de impresionar a nuestra audiencia, en detrimento de nuestra misión y propósito como Comunicadores de Esperanza, que es transformar nuestro entorno con el poder de la palabra de fe y esperanza.

"¿Entonces –preguntó Lis, – puedo sentirme orgullosa de quien soy, sin sentir vergüenza de mi acento al hablar? ¿Puedo utilizar mi "espanglish" a mi favor?"

"Lis, no debes sentir vergüenza" –respondió–. "Sintamos orgullo de quienes somos. Nuestra identidad es la plataforma perfecta para proyectar nuestro mensaje. Nuestra cultura es parte fundamental de nuestra identidad. Se revela en nuestro idioma y en nuestro acento particular". No te avergüences de la cultura en la que se formó tu personalidad y tu manera de comunicar. El valor de la dignidad dice que podemos apreciarnos como somos y aspirar a ser mejores personas, pero sin sentir vergüenza de nuestro origen.

¿Recuerdas aquel episodio de la vida de Jesús, el mejor orador de todos los tiempos –dijo el conferenciante, con evidente emoción al mencionar el nombre del galileo–. ¿Recuerdas aquel día en que fue señalado por Natanael con palabras de menosprecio? Felipe encontró a Natanael y le dijo: "Hemos encontrado a Aquel de quien hablan Moisés y los profetas; es Jesús, el hijo de José de Nazaret". Natanael le respondió: "¿Puede venir algo bueno de Nazaret?".

Nota que la repuesta de Natanael no solo muestra escepticismo e incredulidad, sino menosprecio por el lugar de origen de Jesús. Obviamente el resto del relato muestra lo errado que estaba Natanael al dejarse llevar por sus prejuicios...

Camina siempre sobre la plataforma de tu identidad –insistió–; de ella obtendrás la dignidad, integridad y la libertad necesaria para comunicarte con seguridad; y el mundo tendrá que escucharte. Porque tu "espanglish" no será un obstáculo, sino un atractivo en ti, que, junto a la claridad de tus conceptos, lo concreto de tus argumentos y la concisión de tu exposición, te harán distinguirte entre los demás.

El rostro de Lis se iluminó como nunca, sintió que un gran peso le fue quitado de los hombros y volvió a sentirse digna de levantar su voz en cualquier lugar donde alguien necesitara retomar la esperanza.

Al terminar la conferencia en Miami, Lis tomó su avión de regreso a la isla, claramente convencida de que había acudido a una cita Divina, y que regresaba a Puerto Rico para aportar en la reconstrucción espiritual de su país como una "Comunicadora de Esperanza".

He narrado este relato con el propósito de mostrar que siempre existe la necesidad de formar nuevos comunicadores, no solo para que tengan éxito en el mundo empresarial, sino para que triunfen en la gesta de propagar el evangelio con efectividad y poder espiritual.

Dicen que nuestros pensamientos se transforman en palabras y que nuestras palabras llegan a ser acciones y nuestras acciones se transforman en hábitos. Expertos en la conducta humana aseguran que esos hábitos moldean (en parte) nuestro carácter, y a nuestro carácter se le atribuye un gran porcentaje de nuestro éxito. Al hablar del hombre y sus pensamientos, la Escritura dice: "Porque cual es su pensamiento en su corazón, así es él". Proverbios 23:7.

La forma cultural y pueblerina de hablar puede ser una excelente herramienta a nuestro favor y no una excusa para no cambiar nuestro lenguaje de derrota por uno de esperanza y fe. No hay que abandonar nuestra personalidad y cultura por "vana palabrería" y terminología rebuscada.

UNA PALABRA DE FE

¿Por qué debemos adoptar el lenguaje de los que triunfan? Porque es el lenguaje que nace de nuestra nueva naturaleza espiritual. ¡Porque ya no vivo yo, ya no vives tú, vive Cristo en mí y vive Cristo en ti es resultado de haber abandonado nuestra "vieja manera de vivir"! "La fe es el lenguaje de los que triunfan". Así la describe en una de sus canciones, mi amigo y pastor, el cantautor René González. De esa expresión poética surgió el título de este libro. ¡Intentaré demostrar mi tesis de que un cambio en el tono y el contenido de nuestro discurso público es muy necesario, valiéndome del relato de una experiencia cuyo recuerdo aún está muy vivo en nuestras mentes!

> Con una palabra de fe es posible recibir la inspiración necesaria para levantarse de la peor de las crisis.

En Puerto Rico desde donde escribo, luego del paso del devastador huracán María, el 20 de septiembre de 2017, la isla quedó cubierta de tristeza, destrucción y desesperanza. Sin embargo, ya transcurridos algunos meses, y con los ojos del mundo volcados sobre nuestra crisis humanitaria, llegó la etapa de reconstrucción.

Era el momento de comenzar, poco a poco, la reconstrucción de un país que estaba en ruinas y escombros. Pero pretender reedificar la infraestructura de una nación, sin levantar el espíritu de su gente, es imposible. Líderes religiosos y comunitarios, empresarios, artistas, comunicadores sociales y poetas, se percataron de esta necesidad y comenzaron a hablar un lenguaje de esperanza al corazón de nuestro pueblo. Así fue como nacieron expresiones como: "Puerto Rico se levanta", frase que repetimos hasta la saciedad en todos los medios de comunicación del país. Nuestros mejores artistas escribieron para sanar el espíritu abatido de nuestro pueblo, y nuestros líderes sintieron la necesidad de pronunciar elocuentes discursos para que los puertorriqueños no fuésemos presa de la desesperanza y la angustia de vivir cada día con las secuelas de la devastación del histórico fenómeno atmosférico.

EDIFICADORES ESPIRITUALES

En los próximos años se invertirán miles de millones de dólares en la reconstrucción de Puerto Rico. Se necesitarán muchas manos para reconstruir calles, puentes y techos, reedificar la red de energía eléctrica, levantar antenas de telecomunicaciones y muchas cosas más. Pero aun con todos los recursos de reconstrucción a nuestro favor, si nuestro espíritu colectivo aún permanece en el suelo, nos faltará el deseo, el impulso y la determinación para completar la obra y reconstruirnos desde adentro. Es por tal razón, que no solo en Puerto Rico, sino en todo país en crisis, necesitamos edificadores espirituales, comunicadores de esperanza; de esos que solo saben hablar el lenguaje de los que triunfan.

Con una palabra de fe es posible recibir la inspiración necesaria para levantarse de la peor de las crisis. Yo conozco cientos de historias impresionantes de hombres y mujeres que han salido de escenarios dolorosos y trágicos para ser líderes de gran impacto en la sociedad. Sin embargo, me limitaré a citar como ejemplo una porción de la historia del pastor René González en sus años de infancia. Y lo hago porque el día que lo escuché me pareció un relato sumamente inspirador.

Mientras ministraba a un auditorio repleto, abrió su corazón y dijo: "Nosotros éramos 11 hermanos en la pobreza, con un padre enfermo que no podía trabajar", –y añadió–: *"Para vestir decente, íbamos a un vertedero para recoger aquello que alguien se cansaba de usar o lo daba por basura para poder vestir".*

Lo que la gente escuchaba resultaba difícil de creer, pues quien hablaba frente a ellos era un hombre repleto de éxitos, que, a juzgar por las apariencias, todo en su vida había llegado fácil, gracias a sus talentos y al favor de Dios… Pero no era así y estábamos a punto de conocer algunos detalles tan inspiradores como conmovedores, de la historia de su vida.

"Yo estaba enfermo, cuidando las gallinas de mi padre –relataba desde el centro de la moderna plataforma que constituye el altar de la iglesia que pastorea en la capital de Puerto Rico–. *"Debido a mi condición de salud me apoyaba en una muleta improvisada que yo mismo fabriqué para soportar el dolor de mi rodilla. Pero un día, un anciano llegó a la casa de madera y comenzó a hablar a mi vida cosas que yo no entendía, pero que hoy las estoy viviendo".*

Alguien habló al espíritu del pequeño René de manera profética, y su vida comenzó a ser transformada. Dicho de otra manera: En todos los escenarios, el poder de la palabra hablada al corazón y al espíritu de la gente tiene el mismo efecto transformador que necesitamos para levantarnos.

Es decir, ya sea que nos haya golpeado un devastador huracán o que vivamos un contexto de miseria y enfermedad, creo, indudablemente, que si escuchamos y comenzamos a hablar el mismo lenguaje de fe que han hablado aquellos y aquellas que han logrado triunfar, a pesar de la adversidad lograremos ser triunfadores y salir adelante.

En todo país en crisis necesitamos edificadores espirituales; comunicadores de esperanza de esos que solo saben hablar el lenguaje de los que triunfan.

Y deseo aclarar que cuando hablo de "triunfadores" me refiero a aquellos que José Luis Navajo define en sus propias palabras, cuando dice: *"El verdadero triunfador no es el que no ve las dificultades, sino el que no se asusta ante ellas, no retrocede, ni se echa para atrás"*. (Navajo, 2018) p.114.

Declaro lo que dice la Escritura en 2da de Corintios 4:13 (LBDA). "Pero teniendo el mismo espíritu de fe, según lo que está escrito: "CREÍ POR TANTO HABLÉ, NOSOTROS TAMBIEN CREEMOS, POR LO CUAL TAMBIEN HABLAMOS". Si creemos con fe, tenemos autoridad espiritual para hablar con esperanza a otros que son cautivos de la duda y el temor.

Andad sabiamente para con los de afuera, redimiendo el tiempo. Sea vuestra palabra siempre con gracia, sazonada con sal, para que sepáis cómo debéis responder a cada uno.
Colosenses 4:5-6

Capítulo 2

El uso estratégico
de las palabras

Bosquejo

Estructura: Propósito + 5 puntos fundamentales

Punto 1. Estrategia, planificación y ejecución efectiva.
Punto 2. Claros, concisos, concretos.
Punto 3. Lecciones para dar a otros.
Punto 4. Cambiemos de tono.
Punto 5. La necesidad de comunicadores de esperanza.

Propósito

El contenido de esta sección es para que cada comunicador que entienda que Dios le ha llamado a impartir palabras de esperanza, se ocupe de afinar sus destrezas para ser efectivos al transmitir su mensaje.

ESTRATEGIA, PLANIFICACIÓN Y EJECUCIÓN EFECTIVA

En relación al poder transformador de la palabra hablada, es importante saber que el modo en que se dicen estas palabras como emisor, es determinante para que surtan el efecto esperanzador que usted desea provocar sobre sus receptores.

Es muy importante que como comunicadores entendamos que, además de la inspiración, necesitamos: estrategia, planificación y ejecución efectiva, al momento de cumplir nuestra misión. Con relación a este punto, el conocido orador estadounidense, Dale Carnegie, solía decir: "Siempre hay tres discursos por cada discurso que das: el que practicaste, el que diste y el que te habría gustado dar". Sin duda alguna, Carnegie tenía razón en su argumento. De la misma manera, podemos afirmar que cuando estamos comunicando existen dos discursos: el que pensamos que estamos exponiendo y el que la audiencia realmente está captando a través de sus sentidos.

Por consiguiente, es nuestra responsabilidad como ponentes, conferenciantes, maestros o predicadores, hacernos entender ante nuestra audiencia; de tal manera que nuestros receptores no tengan que esforzarse por captar la idea que intentamos comunicarles.

Por tal motivo, debemos abandonar la idea o el supuesto, de que es el receptor o los oyentes que componen nuestro auditorio, quienes tienen la responsabilidad de comprender o decodificar el mensaje que están recibiendo.

Como comunicadores debemos esforzarnos por ser:
- **Claros**
- **Concisos**
- **Concretos**
- **Comprensibles...**

...durante la exposición de nuestro mensaje.

Para quienes asumimos esta tarea como un mandato divino {id y predicad este evangelio}, sabemos que con la intención no basta; hace falta una buena estrategia que nos ayude a ser comunicadores efectivos.

Yo creo que la mejor estrategia es dar esperanza, como plantea el autor Alton Garrison: *"Demasiados predicadores y maestros dicen las cosas en una forma negativa. Usted no anima a las personas humillándolas"* (p.79 Edificando el Equipo Ganador).

La Biblia lo dice de este modo: *Porque no envió Dios a su hijo al mundo para condenar al mundo, sino para que el mundo sea salvo por él. Juan 3:17.*

No hace falta adoptar estilos de comunicación que solo han servido para lastimar la dignidad de las personas debido a la forma y el tono en que se dicen las cosas y hasta la postura física que se adopta al hablar.

Un comunicador de esperanza tiene como misión anunciar las buenas nuevas de la fe y animar a los que están afligidos por diversas razones. Debemos dejar de lado el tono de juicio y condenación que a veces abunda en nuestra predicación.

En última instancia, no es a nosotros como mensajeros a quienes nos corresponde transformar la conciencia y convencer de pecado al ser humano; ese no es nuestro papel, esa obra le corresponde al Espíritu Santo.

En la epístola a los Colosenses, capítulo 4, versos 5 y 6, el apóstol Pablo nos da un consejo valioso sobre este tema: *"Andad sabiamente para con los de afuera, redimiendo bien el tiempo. Sea vuestra palabra siempre con gracia, sazonada con sal, para que sepáis cómo debéis responder a cada uno".*

Debemos ser conscientes de que nos corresponde capacitarnos para esbozar un lenguaje de fe y esperanza, capaz de impulsar al más débil a triunfar sobre la adversidad. Debemos sentir en nuestros corazones el peso de la responsabilidad que conlleva el haber sido comisionados por Dios para dar esperanza a los cautivos, saciar en los sedientos la sed de justicia y ayudar a los deprimidos a retomar los sueños que algún día dejaron abandonados.

LECCIONES PARA DAR A OTROS

Nuestros errores gestan lecciones

Me gustaría comenzar este tópico contándoles cómo aprendí a utilizar mis errores como un medio para ilustrar verdades, en lugar de sentir vergüenza al hablar de ellos. Me encanta viajar a la ciudad de Miami cada año para compartir con líderes y grandes amigos del campo de las comunicaciones en el ámbito cristiano, en una conocida Expo-feria de literatura, música y medios de comunicación hispanoparlantes.

En el año 2016 llegué más temprano que en años anteriores, pues tenía la intención de disfrutar de una serie de charlas que la organización Comunicadores USA había coordinado para el segundo día de convención.

En ese momento yo me desempeñaba como Director de Programación y animador de programas radiales para una estación radial cristiana en Puerto Rico. Como podrán imaginar, llegué con muy altas expectativas sobre nuevas técnicas de comunicación que quería aprender allí, para luego poder implementarlas en el medio de comunicación que tenía bajo mi liderazgo. Yo era una esponja dispuesta a absorber todo el elixir de sabiduría y conocimiento que brotara de la sapiencia de aquellos grandes líderes de las comunicaciones cristianas.

Fui el primero en entrar al salón de conferencias, y estaba deseoso de que comenzaran. Llegó el momento de escuchar al orador invitado; así que me acomodé en mi silla con actitud de estudiante universitario en su primer semestre de bachillerato. Estaba listo y deseoso de aprender algo nuevo. Mi mente estaba flexible y abierta a nuevas estrategias que aportaran a mi desarrollo como comunicador. Creo que quien anhela crecer en el liderazgo debe tener siempre la actitud correcta, y esa es la de: ¡Estoy listo para algo nuevo!

Lo que yo no sospechaba era que estaba a punto de recibir una de las más grandes enseñanzas de mi vida, a cargo de un talentoso joven de apariencia excéntrica y con un estilo muy casual y relajado.

Recuerdo que hizo su entrada al salón con cámara en mano y una sonrisa a flor de labios que anticipaba su estilo campechano y directo de comunicar verdades poderosas. Se trataba de Andrés Cuervo, un director de videos colombiano.

Para resumir mi relato y ser conciso, les diré que el contenido de la presentación de Andrés Cuervo cambió mi perspectiva sobre la importancia que tienen nuestros conflictos y crisis del pasado al momento de contar historias.

Andrés nos decía: "Podemos tener una buena introducción y una buena conclusión, pero si nuestra historia no tiene un gran conflicto dentro de ella, no tendremos un gran relato que contar. Esto es así, porque lo que verdaderamente capta la atención del público en una historia es la parte conflictiva o el punto de tensión".

Esta afirmación me impactó y salí de aquel lugar rebuscando en mi mente todas mis vivencias conflictivas y crisis del pasado, y comencé a cuestionar qué lecciones había aprendido de cada una de ellas y cómo podía transmitir esas lecciones aprendidas a cada una de las personas ante las que me presento en conferencias o talleres para líderes y comunicadores cristianos.

A partir de ese momento hice el firme compromiso de permitirle al Espíritu Santo que tomara mis pérdidas y mis errores del pasado, para transformarlos en catapultas que me impulsaran al futuro, impidiéndoles actuar como pesadas anclas que me mantuviesen atascado en la vergüenza de los errores cometidos y sus consecuencias.

Entender el valor del aprendizaje adquirido a través de las pérdidas en nuestra vida nos ayudará a ejercer un liderazgo auténtico matizado con un lenguaje libre de complejos y vergüenza. Una vez que nuestras emociones son sanadas por la intervención del Espíritu Santo, no existe en nosotros temor a hablar con veracidad, tanto de nuestros éxitos como de nuestros fracasos. Usemos nuestras vivencias de aparentes fracasos, como lecciones aprendidas para enseñar a otros.

Te animo hoy como comunicador a que no desperdicies la oportunidad de ilustrar la vida de otros a través de tus errores cometidos.

Uno de los más célebres autores sobre liderazgo de nuestro tiempo, John C. Maxwell, escribió un libro titulado "A veces se gana y a veces se aprende". La máxima principal de ese libro está directamente relacionada con el principio que he estado intentando comunicar: "Las grandes lecciones de la vida se aprenden de nuestras pérdidas".

Un comunicador de esperanza tiene como misión anunciar las buenas nuevas de la fe y animar a los que están afligidos

---

¿Cuán grande es la necesidad de comunicadores de esperanza en nuestra sociedad?

La necesidad:

Las estadísticas de salud mental son alarmantes y no podemos hacernos de la vista larga por más tiempo:

Más del 22% de los latinoamericanos sufren de dolencias mentales, como la depresión y la ansiedad. Según la Organización Mundial de la Salud: "Más de 300 millones de personas en el mundo viven con depresión y ansiedad, dolencias que disminuyen su productividad y calidad de vida". (Fleishman, 2017).

Pero no tan solo nos debe alarmar la cantidad de personas afectadas por estos trastornos, sino que también es preocupante lo poco que se hace para intentar cambiar este sombrío panorama.

Según se reveló en un panel organizado por la Organización Panamericana de la Salud: "Solo un 3 % de los presupuestos de salud de los gobiernos se invierte en salud mental, que va desde un 1% en países de bajo ingreso, hasta el 5% en los países de altos ingresos". (Fleishman, 2017).

Como muestran estas estadísticas, la necesidad de intervenir en la crisis de salud mental y espiritual que aqueja nuestras naciones es imperiosa. Dios nos está mostrando la necesidad y debemos sentirnos compelidos a responder a su llamado para comunicar la esperanza de nuestra fe en todos los escenarios de la sociedad en los que podamos actuar.

Una de las experiencias más dolorosas que puede sufrir un ser humano es el acoso de manera directa o el acoso cibernético, dos modalidades de agresión que se nutren del poder destructivo de las palabras hirientes para arruinar la paz mental y la estabilidad emocional de una persona.

Un acosador o agresor verbal es la antítesis de un comunicador de esperanza. Cada una de las palabras que pronuncian estos agresores actúa como dardos venenosos que se alojan en la autoestima de sus víctimas.

Permítanme ilustrar la gravedad de este asunto citando algunos datos que me parecen pertinentes:

Con el crecimiento de la era digital llegó el Cyberbullying o acoso cibernético.

El acoso cibernético es un daño voluntario y repetido, infligido a través del uso de computadoras, teléfonos celulares y otros dispositivos electrónicos. (Hinduja, Patchin. Bullying Beyond the Schoolyard, 2009).

El 95% de los adolescentes que han presenciado comportamientos crueles en las redes sociales dicen que han visto a otros ignorar el comportamiento malo; 55% lo presencian con frecuencia. (Pew Internet Research Center, 2011).

Solo el 7% de los padres de EE. UU está preocupado por el acoso cibernético, a pesar de que el 33% de los adolescentes ha sido víctima de acoso cibernético. (Pew Internet y American Life Survey, 2011).

Un millón de niños fueron hostigados, amenazados o sometidos a otras formas de acoso cibernético en Facebook durante el año pasado. (Consumer Reports, 2011).

(www.commonsense.org 2010).

Durante el año escolar 2003- 2004 ISAVE América realizó una encuesta entre estudiantes a través de todo Estados Unidos. Para ese período el acoso cibernético se consideraba un tema desconocido entre los adultos, pero muy común entre estudiantes.

Estos son los resultados:

1. El 42 % de los estudiantes dijo haber sido acosado en línea.

2. El 35 % de los estudiantes admitió haber sido amenazado en línea; 1 de cada 5 ha sido amenazado más de una vez.

3. El 21% de los estudiantes ha recibido correos electrónicos malintencionados.

4. El 58 % admite haber recibido mensajes dañinos en línea; más de 4 de cada 10 dicen que les ha sucedido más de una vez.

5. El 53 % admite que ha dicho o ha hecho algo hiriente a otra persona en línea, y más de 1 de cada 3 lo han hecho más de una vez.

6. El 58 % no le ha dicho nada a sus padres.

Acoso Cibernético en Puerto Rico

Según datos oficiales del Departamento Investigativo sobre explotación de Menores del Servicio de Inmigración y Control de Aduanas de Estados Unidos (ICE, Siglas en ingles) en Puerto Rico, el problema del acoso cibernético en la isla va en aumento, pues según revelaron las autoridades, el número de arrestos relacionados a casos de acoso cibernético aumentó de 57 arrestos en el 2009, a 242 entre 2010 y 2016: lo que representa un aumento de 324 %.

"Para agosto del 2017, momento en que se publicaron estos datos en conferencia de prensa, ya se habían ejecutado 36 arrestos, lo que representó un aumento de 386 % en comparación a los primeros 7 años de la iniciativa". Esto lo expresó el señor Orlando Báez, Director Interino de ICE en Puerto Rico para ese momento. Estos datos fueron reportados por el diario digital, Metro.PR, del jueves 24 de agosto del 2017, en un reportaje de Lyanne Meléndez García.

¡Es un asunto de vida o muerte!

Entender el valor del aprendizaje adquirido a través de las pérdidas en nuestra vida nos ayudará a ejercer un liderazgo auténtico matizado con un lenguaje libre de complejos y vergüenza.

En la presentación oficial de AAUW National Convention, (2013) Bullying and CyberBullying: A Community Concern [diapositivas de PowerPoint] se citan los siguientes casos como un ejemplo de los resultados fatales que ha provocado la práctica del acoso cibernético en adolecentes: Jamey Rodemeyer, de 14 años de edad, luchó con su sexualidad y fue intimidado en repetidas ocasiones en la escuela y en línea.

Publicó un video de "Se pone mejor" en YouTube, aparentemente tratando de convencerse a sí mismo y a otros de que su situación mejoraría. ¡Varios comentarios anónimos en su página de Formspring lo animaron a suicidarse! Lo hizo el 19 de Septiembre de 2011.

¡Niña de 13 años se mata! (Octubre, 2006). Megan Meier fue ciber-acosada a través de una cuenta de MySpace por la madre de un amigo que se hizo pasar por un hombre joven.

Ryan Halligan, 13 años. En octubre de 2003 se quitó la vida después de meses de ser intimidado en línea. Fue burlado, llamado "gay" en línea, y apagado.

Usemos nuestras vivencias de aparentes fracasos como lecciones aprendidas para enseñar a otros. Te animo hoy como comunicador, a que no desperdicies la oportunidad de ilustrar la vida de otros a través de tus errores cometidos.

Si usted se siente tan conmovido como yo al leer estas dolorosas historias de víctimas fatales, es momento de transformar este dolor y conmoción en acciones pro-sociales que propendan al cambio y a la sanidad integral de los nuestros, impartiendo esperanza a través del poder de las palabras y la autoridad espiritual que Jesús nos ha entregado, y expresándolo a través de lo que he decidido llamar "lenguaje de los que triunfan".

"Ninguna palabra corrompida salga de vuestra boca, sino la que sea buena para la necesaria edificación, a fin de dar gracia a los oyentes".
Efesios 4:29.

Capítulo 3

Jesús como comunicador
El maestro de la esperanza

Bosquejo

Estructura: Propósito + 4 puntos fundamentales

Punto 1. Jesús el modelo a seguir.
Punto 2. Nuestras palabras para edificación de nuestros oyentes.
Punto 3. Intercomunicación del ministerio público de Jesús.
Punto 4. Estructura del tema central de nuestro discurso.

Propósito

Observar el estilo de comunicación de Jesús y aprender de él, las claves que nos llevaran a conectar exitosamente con nuestra audiencia con la finalidad de comunicarles una palabra de restauración espiritual y sanidad emocional.

JESÚS, EL MODELO A SEGUIR

Para los que aspiramos ser comunicadores de esperanza y buscamos un modelo a seguir, el modelo ideal está en Jesús de Nazaret, cuyo estilo de comunicación es de vital significado para nosotros hoy. Así lo explicaba el Dr. Samuel Pagán mientras disertaba frente a un grupo de peregrinos que habíamos viajado con él a Jerusalén: *"Jesús comenzó una misión pedagógica en Galilea que lo llevó hasta Jerusalén, con un mensaje de renovación espiritual y transformación social".*

Los contextos sociales llenos de desesperanza se hallan en diversos escenarios socioculturales donde abundan el pecado, la injusticia social y la pobreza. Pero es precisamente en esos entornos de oscuridad y dolor donde el lenguaje triunfalista de la esperanza brilla con mayor luminosidad. Al describir el poder del mensaje de Jesús, en sus propias palabras, el Dr. Magdiel Narváez dice: *"Su mensaje representaba una esperanza para la mayoría de sus seguidores cuando podían entender que después de esta vida terrenal habrá una vida sin sufrimiento".* (Narvaez, 2017). Así brilló el mensaje de Jesús en la oprimida y pobre tierra de Palestina del primer siglo. Y así debe brillar en nuestras palabras al comunicar la esperanza de la verdad de Dios en el siglo XXI. La Biblia nos dice: *"La congoja en el corazón del hombre lo abate; más la buena palabra lo alegra ".* (Prov.12:25).

La buena palabra a la que se refiere el escritor de Proverbios es la palabra que genera cambios y reacciones positivas que redundan en beneficio de la salud holística del ser humano que las recibe. Tomando el ejemplo de Jesús como punto de referencia, a continuación enumero los 3 objetivos a los que debemos aspirar al momento de utilizar nuestras palabras para edificación de nuestros oyentes, según lo propone Alton Garrison. En primer lugar, debemos procurar *que su fe sea reforzada*; en segundo lugar, *que su esperanza sea renovada* y, en tercer lugar, *que su amor sea restaurado*. Si tomamos el modelo de liderazgo restaurador de Jesús como punto de partida, haremos de estas tres necesidades de nuestra audiencia, nuestros objetivos personales al iniciar cualquier ejercicio de comunicación verbal.

Antes de comunicarnos con los demás debemos analizar cuál es el objetivo de nuestro mensaje y cuán efectivas son las palabras que vamos a emplear para comunicarnos con ellos. Debemos preguntarnos... ¿nuestras palabras refuerzan? ¿nuestras palabras restauran? ¿nuestras palabras renuevan?

Antes de comunicarnos con los demás debemos preguntarnos cuál es el objetivo de nuestro mensaje y cuán efectivas son las palabras que vamos a emplear para comunicarnos con ellos. Debemos cuestionarnos si ¿nuestras palabras refuerzan, nuestras palabras restauran y nuestras palabras renuevan? Si no podemos respondernos con honestidad a estas preguntas, es mejor callar antes que herir al hablar. Así lo afirman las Sagradas Escrituras en la carta del apóstol Pablo a los creyentes que estaban en Éfeso cuando les aconsejó: *"Ninguna palabra corrompida salga de vuestra boca, sino la que sea buena para la necesaria edificación, a fin de dar gracia a los oyentes"*. Efesios 4:29.

La Escritura nos demuestra que los tres objetivos de la comunicación de Garrison, antes mencionados, estaban presentes en el lenguaje de Jesús siempre que se comunicaba con las multitudes y con su comunidad de discípulos. Era precisamente el estilo de comunicar del maestro galileo lo que le convertía en un fariseo distinto a los de su tiempo. Jesús hablaba con una autoridad que desconcertaba a los maestros de la ley; con una ternura y misericordia que avivaban las esperanzas de los viles y menospreciados.

En palabras de la terapeuta y conferencista, Dra. Lis Milland: *"Jesús no fue un castigador con la gente; les ayudaba a levantarse de sus errores".* (Lis Milland , 2016). Jesús prefirió sustituir el lenguaje de la condenación por el lenguaje de la restauración... *"Yo no te condeno; vete y no peques más".* Juan 8:11.

CLAVES DE INTERCOMUNICACIÓN DEL MINISTERIO PÚBLICO DE JESÚS

Cuando observamos a Jesús con detenimiento, notamos que él conocía muy bien la audiencia a la cual se dirigía, y que esperaban escuchar de él lo que les había motivado a acudir a escuchar sus palabras. Los evangelios reflejan que Jesús conocía las crisis que aquejaban a su pueblo, y el origen de sus desesperanzas. Podemos tomar como ejemplo la conversación que Él sostuvo con la mujer samaritana junto al pozo de Jacob y veremos las claves de intercomunicación que este episodio del ministerio público de Jesús nos revela:

Clave 1. Captar la atención de su audiencia o interlocutor: *"Vino una mujer de Samaria y Jesús le dijo: Dame de beber"*. Juan 4:7.

Jesús inicia el diálogo, y como emisor envía un mensaje codificado en términos que captan la atención de la mujer con la cual desea entablar su conversación.

Clave 2. Interesarse genuinamente por las necesidades de sus oyentes: Jesús le dice a la samaritana: *"Si conocieras el don de Dios, y quién es el que te dice: Dame de beber; tú le pedirías, y él te daría agua viva"*. Juan 4:10.

¡La oferta de Jesús implica que él conocía la sed de justicia que agobiaba a aquella mujer y estaba genuinamente interesado en ofrecerle una solución permanente! Sin duda que Jesús, siendo el Mesías, contaba con el discernimiento espiritual necesario que le permitía conocer la intención verdadera que las personas guardaban en sus corazones al momento de acercarse a ellos. Pero además, los evangelios nos reflejan que el modelo de liderazgo de Jesús fue uno centrado en las necesidades de la gente. ¿Cómo podemos nosotros conocer mejor a nuestra audiencia a fin de poder centrarnos en sus necesidades al comunicarnos con ellos?

Hay cuatro cosas que debemos proponernos conocer de nuestra audiencia si queremos llegar ellos y ofrecerles soluciones.

En primer lugar, debemos preguntarnos: ¿Qué les hace reír? Esto nos dará una idea de sus motivos para ser felices.

En segundo lugar, debemos tratar de saber: ¿Qué les hace llorar? Esto nos proporciona conocimiento de las crisis y las dificultades que afligen a aquellos a quienes pretendemos comunicar esperanza.

En tercer lugar, debemos saber: ¿En qué invierten la mayor parte de su tiempo? Esto nos revela cuáles son sus intereses y prioridades.

En cuarto y último lugar, debemos procurar conocer los sueños de nuestra audiencia, ¿Cuáles son sus sueños?

Interesarnos por los sueños de los demás nos otorga el privilegio de querer ser escuchados.

Clave 3. Ofrecer soluciones a las necesidades que hemos identificado en aquellos que nos escuchan: *"Respondió Jesús y le dijo: Cualquiera que bebiere de esta agua, volverá a tener sed; mas el que bebiere del agua que yo le daré, no tendrá sed jamás; sino que el agua que yo le daré será en él una fuente de agua que salte para vida eterna".* Juan 4:13 y 14.

De esta manera hemos visto, con un solo ejemplo de los muchos que abundan en los evangelios, sobre la manera en que Jesús comunicó su mensaje, y proporciona conceptos claves que nos ayudan a que hoy podamos transformarnos en comunicadores de esperanza.

Uno de los modelos de comunicación más efectivos que encontramos en Jesús al momento de este comunicar su visión es su estrategia de comunicar verdades espirituales en lenguaje sencillo por medio de parábolas y narrativas cortas afines a la vida cotidiana de sus oyentes, a fin de facilitar la comprensión de su mensaje.

En esencia, la presencia de Jesús en la tierra es un ejercicio de comunicación, en el cual, el eterno y único Dios verdadero, como emisor, se revela a la humanidad (los receptores) a través de un canal comprensible para sus receptores (encarnación en Jesús de Nazaret), codificado en lenguaje humano para hacerles entender verdades trascendentes del reino, en un contexto inmanente a su tiempo y espacio dentro de nuestra historia.

Para el teólogo José M. Martínez, comprender el uso que hizo Jesús del lenguaje figurado, en sus discursos y prédicas, es la clave para entender con claridad cómo pudo tener tanto impacto entre quienes le escuchaban predicar y enseñar las palabras del reino. Dice Martínez: "... una palabra tiene sentido figurado cuando expresa una idea diferente de la de su acepción literal". Explica el uso que Jesús hizo del lenguaje figurado para beneficio de su audiencia, de la siguiente forma: *"La inmensa mayoría de las figuras del lenguaje que hallamos en la Escritura están tomadas del entorno del autor. Jesús mismo fue un verdadero maestro en el uso de este material... podemos recordar sus múltiples alusiones al mundo animal (zorras, camellos, ovejas, gorriones, peces, escorpiones, etc.), del reino vegetal (lirios, cañas, higueras, etc.), del mundo inanimado (señales meteorológicas, relámpagos, piedras, polvo), de las actividades laborales (siembra, siega, trilla, pastoreo, construcción, administración), de las relaciones familiares (entre padres e hijos, entre esposos, entre amigos, etc.) "*, p.164 (Martínez, 1984). Y continúa la lista de Martínez sobre las imágenes empleadas por Jesús para hacerse entender. Pero además, el autor añade una expresión más certera aún, sobre el poder comunicativo de nuestro comunicador de la esperanza, acerca de la salvación del alma; *"y la impresión que nos produce el uso que Jesús hace de las imágenes del mundo exterior es que, con toda naturalidad, su mensaje es comunicado, no mediante proposiciones abstractas, sino mediante un lenguaje enraizado en la vida cotidiana de sus oyentes"*. (Martínez, 1984).

Si Jesús siendo igual a Dios no se aferró a la grandeza que le confería su condición divina, y decidió descender a la condición humana, y con humildad se esforzó por ser claramente comprensible ante todo el que le escuchó.

¡Cuánto más nosotros deberíamos esforzarnos por comunicar el evangelio con total claridad, haciendo uso de imágenes, conceptos y figuras cotidianas con las que nuestros oyentes estén familiarizados, y que como he dicho: refuercen su fe, renueven su esperanza y sean restaurados en amor!

¿Cómo logramos realizar un acto de humildad como ese? Muriendo a nuestro orgullo y dejando de lado nuestro deseo de impresionar a nuestra audiencia.

La autora Dianna Booher nos hace la siguiente advertencia: *Cuando nos sentamos frente a un público que está pendiente de nuestras palabras, un sentimiento de vanidad o impulso natural de egolatría nos lleva a tratar de distinguirnos de los demás.*

Mi consejo es que cultivemos la sencillez en nuestro estilo. Al hablar, debemos esforzarnos por hacer que nuestro mensaje llegue con claridad a nuestra audiencia, tal como Jesús lo hizo.

Una estructura sencilla para organizar el contenido de nuestro mensaje podría ser la que sugiero a continuación.

Para los que aspiramos a ser comunicadores de esperanza y buscamos un modelo a seguir, el modelo ideal está en Jesús de Nazaret.

ESTRUCTURA:
DESARROLLO DEL TEMA CENTRAL DE NUESTRO DISCURSO

- **Digo lo que voy a decir:** tesis con una introducción sencilla y directa.

- **Desarrollo y demuestro la tesis:** con ejemplos cotidianos y pertinentes a la vida de mis oyentes.

- **Conclusión:** repito lo dicho, reforzando los puntos más importantes.

En conclusión, si tomamos a Jesús como nuestro modelo de comunicador, tendremos éxito en nuestra gestión de comunicar la visión que Dios nos ha dado.

El modelo de comunicación de Jesús de Nazaret es un modelo auténtico y veraz. Si decimos que Jesús vive en nosotros, nuestras palabras deben reflejar el estilo de comunicar que Jesús exhibió durante su ministerio.

Jesús no colocó fronteras entre él y su audiencia; él siempre se esforzó por estar cercano a aquellos a quienes comunicaba la verdad del evangelio. Jesús escandalizaba a sus críticos porque rompía todos los protocolos que tradicionalmente ponían una gran distancia entre los rabinos o maestros de la ley y el resto del pueblo.

Jesús tocó leprosos, se dejó perfumar los pies por una mujer de cuestionable reputación, habló a plena luz del día con una mujer samaritana, y su manto estuvo al alcance de las manos impuras de una mujer azotada por un flujo de sangre.

¿Entonces quiénes somos nosotros, los comunicadores modernos, para mantenernos distantes de nuestros receptores?

Acerquémonos a la gente para comunicar la fe con amor y esperanza.

Jesús nos enseña tanto sobre la autenticidad con su ejemplo de cercanía a quienes le escuchaban, que solo nos queda admitir que todavía tenemos mucho qué emular del orador galileo, quien no se limitó a establecer contacto visual con el publicano Zaqueo, sino que se atrevió a cerrar la distancia moral que les separaba, decidiendo entrar en casa de Zaqueo para luego hacer morada en su corazón.

"Zaqueo, baja enseguida. Debo hospedarme hoy en tu casa". Lucas cap. 19 verso 5.

Como dice mi buena amiga Ana Cepero, el refrán *"dime con quién andas y te diré quién eres "no aplica a Jesús, ni a nadie que quiera ser un catalizador de cambios en los demás".*

Recuerdo cuando me incorporé a trabajar con el comité organizador del Festival de Esperanza en Puerto Rico. Para mí fue muy impactante escuchar a los líderes de evangelismo de la asociación Billy Graham, hacer énfasis en la estrategia de evangelización que debía desarrollarse para el evento, la cual consistía en seguir los siguientes pasos:

Primero: acercarnos a los no creyentes para anotar su nombre en las tarjetas de oración y comenzar a orar por ellos (Cerrar la distancia entre nosotros y nuestros receptores).

Segundo: comenzar a cultivar una amistad genuina con ellos (Antes de pretender que se hagan cristianos).

El tercer y último paso de la estrategia de evangelismo era invitar a nuestro amigo al festival.

Lo más impactante para mí era cómo se nos repetía una y otra vez en cada reunión: "Jesús primero se interesó en la vida de la gente y luego las evangelizó". Aprendí de aquel entrenamiento con la ASOCIACIÓN Billy Graham, que es fundamental interesarnos por los conflictos y las necesidades de nuestra audiencia para poder conectar con ellos.

"Y con tu sangre nos has redimido, de todo linaje,
de toda lengua y de toda nación; y nos has hecho para nuestro
Dios Reyes y sacerdotes, y reinaremos sobre la tierra".
Apocalipsis 5: 9-10

Capítulo 4

Tu identidad Espiritual
y tu lenguaje

Bosquejo
Estructura: Propósito + 3 puntos fundamentales

Punto 1. Principio de identidad y desarrollo del liderazgo.
Punto 2. Identidad saludable.
Punto 3. El hijo pródigo: 3 elementos que representan la restauración de su identidad.

Propósito

Ofrecer claves para aquellos que desean desarrollar un liderazgo con una identidad saludable para poder distinguirse a través de una comunicación matizada por la autovaloración y valoración por los demás, consideración, respeto, amor, reconocimiento, aprecio, y aceptación, y así promover el principio de la identidad como fundamento del liderazgo.

PRINCIPIO DE IDENTIDAD Y DESARROLLO DEL LIDERAZGO

El lenguaje de un comunicador con identidad se distingue por exhibir en sí mismo los pilares de la dignidad, los cuales son: *autovaloración y valoración por los demás, consideración, respeto, reconocimiento, aprecio, amor y aceptación.*

El principio de la identidad es fundamental en el desarrollo del liderazgo. Afirmo, sin temor a equivocarme, que un líder que tiene problemas de identidad, se verá imposibilitado de desarrollar un liderazgo saludable. Es muy difícil que ese tipo de líder pueda exhibir las cualidades que menciono a continuación:

Un líder es quien guía a un grupo de seguidores a un determinado destino:

1. Indicando el camino por el cual se ha de andar.
2. Comunicando su visión o la estrategia a seguir.
3. Dictando con su ejemplo, el modo en que la estrategia se debe implementar.

Para que estas cualidades comiencen a manifestarse en ti como líder, es fundamental que tengas una identidad clara y definida. John Edmund Haggai, en su libro "El líder", define liderazgo así: Es la disciplina que deliberadamente ejerce *"influencia especial sobre un grupo para llevarlo hacia metas concretas de beneficio permanente y que satisface las verdaderas necesidades del grupo".*

¿QUIÉN DICE LA BIBLIA QUE ERES?

Identidad saludable

• La Biblia dice: *Si alguno está en Cristo, nueva criatura es; las cosas viejas pasaron y he aquí todas son hechas nuevas. 2da de Corintios cap.5 v.17.*

• 1ra de Corintios cap.6 v.11 dice: *Que hemos sido santificados y justificados en el nombre de Jesús.*

• El verso 17 dice: *"Pero el que se une al Señor, se hace uno con él".*

• Apocalipsis cap.5 v. 9 y 10 dice: *"Y con tu sangre nos has redimido, de todo linaje, de toda lengua y de toda nación; y nos has hecho para nuestro Dios Reyes y sacerdotes, y reinaremos sobre la tierra".*

El Dr. José D. Batista, autor de la teoría de la identidad del ser saludable, en su libro "El árbol de la vida" nos ayuda a comprender la importancia de descubrir nuestra identidad, para ser líderes efectivos.

"Existe una identidad biológica, una identidad social y una identidad cultural. Pero para mí, la más importante es nuestra identidad del ser; la cual se reafirma cuando la persona conoce su realidad espiritual, que es la que trasciende los aspectos biológicos, de relaciones y de cultura, y entonces comienza un proceso de desarrollo interior que conduce a la recuperación de su ser interno, es decir, su espíritu. Desarrollar nuestra identidad es reencontrarnos con nuestro ser interior".

Somos espíritu, y desde esa realidad debemos operar como líderes. Es esencial entrar en contacto con los valores fundamentales de la Escritura, los cuales promueven un desarrollo interior que el mundo y sus sistemas sociales no pueden proveernos. Es Dios quien transforma nuestra identidad.

En la escritura, Dios manifiesta con regularidad, su deseo de cambiar la identidad de aquellos a quienes escogió para tareas específicas. En muchos casos, estos cambios fueron tan radicales, que Dios los evidenció incluso cambiando los nombres de sus escogidos.

Para darme a entender con claridad, tomaré como ejemplo la historia de Josué, el líder conquistador de Israel. Este no fue siempre el nombre con el cual nuestro héroe bíblico fue identificado.

En el libro de números cap. 13 v.16 dice: *Éstos son los nombres de los líderes que Moisés envió a explorar la tierra.* (A Oseas hijo de Nun, Moisés le cambió el nombre y le puso Josué). Sabemos que Josué es Yoshua en hebreo, o Iosue en la versión griega del texto de la Torá (Alejandría 250 – 150 adc.). Interesantemente, este nuevo nombre en hebreo significa: Jehová es salvación. Josué es tipo de Jesús, quien al igual que Josué, su función es la de dar descanso al pueblo, introduciéndole a la tierra prometida. Esto implica que la vida de quienes tenemos un encuentro con Jesús, cambia en aspectos profundos de la personalidad y, definitivamente, no nos llamarán igual. Cuando tú y yo entramos en contacto con los valores fundamentales del evangelio revelados en la Escritura, nuestra identidad es reforzada con tres ejes fundamentales que la obra del Espíritu Santo coloca en nosotros, los cuales nos califican para emerger como líderes de trascendencia y conquista.

La identidad del líder se desarrolla en su interior, es decir; que no hay estímulo externo o estrategia motivacional alguna que provoque este cambio de identidad. Se trata de crecer desde adentro; la dinámica es interna en nuestro espíritu y por el Espíritu de Dios, a través de su palabra.

> **Somos espíritu, y desde esa realidad debemos operar como líderes.** Es esencial entrar en contacto con los valores fundamentales de la Escritura, los cuales promueven un desarrollo interior que el mundo y sus sistemas sociales no pueden proveernos.

Muchos de nuestros jóvenes viven y asisten a nuestras congregaciones marcados por una imagen de vergüenza, rechazo, orfandad y desprecio, producto de sus vivencias de dolor, de los golpes del mundo y las mentiras del enemigo.

Si tú te sientes así, llegó tu momento de ser liberado de esa falta de identidad.

El propósito de Dios es que puedas recibir los beneficios de su paternidad restauradora. Esa es la respuesta que Dios tiene para nuestras crisis, incluyendo la de identidad espiritual. Dios lo ha hecho conmigo y con millones de personas a través de la historia. Hago una pausa en este escrito para hacerte un llamado directo al corazón; **ven, créele a tu Padre Celestial, redescubre tu identidad, y transfórmate en un comunicador de esperanza, para un país que vive en orfandad de espíritu y en una profunda crisis de liderazgo.**

Un adolescente, un joven, una familia o una nación entera, que viven sin identidad, no pueden tener salud integral, y por consiguiente, están imposibilitados de sanar a otros.

Los tres pilares que constituyen la plataforma de "la identidad del ser" son: Dignidad, Integridad y Libertad. Veamos de cerca estos tres fundamentos que Dios quiere despertar en nosotros para afirmar nuestra identidad (dignidad, integridad y libertad).

De aquí en adelante me ocuparé de explicar cada uno de ellos y la importancia que tienen para el desarrollo de nuestra identidad, ilustrados a través de la parábola del Hijo Pródigo, en Lucas 15: 22.

El propósito de Dios es que puedas recibir los beneficios de su paternidad restauradora.

EL HIJO PRÓDIGO: RESTAURACIÓN DE SU IDENTIDAD

Si usted ha leído la parábola del Hijo Pródigo, recordará que cuando el hijo regresa a casa, luego de su desventura, repleto de vergüenza, su padre sale a su encuentro y coloca tres elementos en él, los cuales quiero utilizar para ilustrar los valores que fundamentan una identidad sana en ti y en mí, como líderes.

Lucas Capítulo 15:22 dice: *"Pero el Padre dijo a sus siervos: sacad el mejor vestido, y vestidle; y poned un anillo en su mano y calzado en sus pies".*

El hecho de que la narrativa del evangelista preste atención especial al detalle de la orden que el padre da a sus siervos, de vestir a su hijo con un vestido nuevo, nos invita a pensar en el deseo de aquel padre de restaurar la dignidad de su hijo, a través del acto de cubrir la vergüenza de su desnudez con ropas limpias, despojándole así de los harapos viejos y sucios que traía sobre sí.

Primer elemento: Vestido de Dignidad

La dignidad se define como estima propia; es la capacidad de confrontar los temores internos y no culpar o responsabilizar a otros.

Es decir: Ya no ando huyendo de situaciones que puedan afectarme; porque entiendo que mis emociones son mías, y que los demás solo son responsables de los estímulos dados; por lo tanto, yo decido cómo respondo ante tales estímulos.

Cuando poseemos el valor de la dignidad somos impenetrables ante las amenazas de secuestradores emocionales que nos puedan rodear. Consideremos una porción bíblica que nos puede ayudar a comprender el peligro de ser vulnerables a las palabras de un secuestrador emocional.

NO SECUESTRO EMOCIONAL.
(David y Nabal) 1 de Samuel 25.

Cuando los hombres de David llegaron, le dieron a Nabal este mensaje de parte de David y se quedaron esperando. 10 Pero Nabal les contestó: — ¿Y quién es ese tal David? ¿Quién es el hijo de Isaí? Hoy día son muchos los esclavos que se escapan de sus amos. 11 ¿Por qué he de compartir mi pan y mi agua, y la carne que he reservado para mis esquiladores, con gente que ni siquiera sé de dónde viene?

12 Los hombres de David se dieron la vuelta y se pusieron en camino. Cuando llegaron ante él, le comunicaron todo lo que Nabal había dicho. *13* Entonces David les ordenó: «¡Cíñanse todos la espada!» Y todos, incluso él, se la ciñeron. Acompañaron a David unos cuatrocientos hombres, mientras que otros doscientos se quedaron cuidando el bagaje. Cuando Abigaíl vio a David, se bajó rápidamente del asno y se inclinó ante él, postrándose rostro en tierra. *24* Se arrojó a sus pies y dijo: —Señor mío, yo tengo la culpa. Deje que esta sierva suya le hable; le ruego que me escuche. *25* No haga usted caso de ese grosero de Nabal, pues le hace honor a su nombre, que significa "necio". La necedad lo acompaña por todas partes. Yo, por mi parte, no vi a los mensajeros que usted, mi señor, envió. *26* » Pero ahora el SEÑOR le ha impedido a usted derramar sangre y hacerse justicia con sus propias manos. ¡Tan cierto como que el SEÑOR y usted viven! Por eso, pido que, a sus enemigos, y a todos los que quieran hacerle daño, les pase lo mismo que a Nabal. *27* Acepte usted este regalo que su servidora le ha traído, y repártalo entre los criados que lo acompañan. *28* Yo le ruego que perdone la falta de esta servidora suya. Ciertamente, el SEÑOR le dará a usted una dinastía que se mantendrá firme, y nunca nadie podrá hacerle a usted ningún daño, pues usted pelea las batallas del SEÑOR. *29* Aun si alguien lo persigue con la intención de matarlo, su vida estará protegida por el SEÑOR su Dios, mientras que sus enemigos serán lanzados a la destrucción. *30* Así que, cuando el SEÑOR le haya hecho todo el bien que le ha prometido, y lo haya establecido como jefe de Israel, *31* no tendrá usted que sufrir la pena y el remordimiento de haberse vengado por sí mismo, ni de haber derramado sangre inocente. Acuérdese usted de esta servidora suya cuando el SEÑOR le haya dado prosperidad. ¡Bendito sea el SEÑOR, Dios de Israel, que te ha enviado hoy a mi encuentro! *33* ¡Y bendita seas tú por tú buen juicio, pues me has impedido derramar sangre y vengarme con mis propias manos! *34* El SEÑOR, Dios de Israel, me ha impedido hacerte mal; pero te digo que, si no te hubieras dado prisa en venir a mi encuentro, para mañana no le habría quedado vivo a Nabal ni uno solo de sus hombres. ¡Tan cierto como que el SEÑOR vive! *35* Dicho esto, David aceptó lo que ella le había traído.

El escenario de esta historia es el desierto; del cual podemos decir que es con toda probabilidad uno de los contextos más amenazantes para la supervivencia humana. El desierto es inhóspito y la sola mención de este lugar despierta en nosotros ansiedad y temor. Desde tiempos antiguos, escritores, profetas, poetas y predicadores han usado la imagen del desierto como la figura metafórica por excelencia para expresar etapas de vida dolorosas, como: momentos de soledad, períodos de duelo y temporadas de escasez y desesperanza.

Tiempos, también, donde nuestras emociones se tornan áridas y el estrés nos parece sofocante, tal como lo son las altas temperaturas de estas zonas climáticas extremas. ¡Es en ese difícil escenario que acabo de describir, que aparece nuestro heroico pastor de ovejas, el dulce cantor de Israel, el osado matador de gigantes, futuro rey de Israel y el ungido de Dios! (nuestro héroe favorito de las lecciones de escuela dominical, ¿recuerdan?). Solo que en este capítulo de su historia, no es más que un fugitivo que ha tenido que huir al desierto para salvar su vida, de un Rey Saúl que ha perdido el juicio y ahora solo sueña con clavar su lanza en el corazón de su siervo. Pero el verdadero protagonismo de este relato no recae sobre la figura de David, sino sobre Abigail, "mujer sensata y hermosa". Observe que David, agobiado por la persecución del rey Saúl, hambriento y vagando con sus guerreros por el desierto, decide recurrir a Nabal y le pide ayuda a través de sus siervos. Lo que David no imagina es, que este hombre a quien él acude para pedir ayuda, pronto se convertirá en su secuestrador emocional. Si, leyó bien, dije secuestrador emocional. Según el relato de los versos 10 y 11 del capítulo 25, de 1ra de Samuel: Los siervos de David llegan donde Nabal con la petición de ayuda de parte de su Señor, de un modo cortés y respetuoso, pues sus palabras están enmarcadas en un proceso apelativo que reflejaba la necesidad de justicia y provisión que el futuro rey de Israel estaba experimentando. ¡En otras palabras, David es, en este momento de su vida, un hombre de emociones vulnerables!

¨Por favor, comparte con nosotros y con tu amigo David, las provisiones que tengas a la mano¨…. y es, precisamente, la respuesta de Nabal a esta petición de David, la que secuestra las emociones del dulce cantor de Israel. Pues como dice José Luis Navajo: ¨Las palabras son como las abejas: fabricantes de miel y portadoras de aguijón. Con ellas puedo sanar o herir, endulzar o amargar. Cuando decido que mis palabras serán bálsamo y no látigo, inyección de medicina y no dardo emponzoñado, entonces descubro que puedo ser determinante sin ser hiriente, firme sin ser agresivo. Las palabras son como piedras preciosas, ofrecidas bendicen, arrojadas con violencia, hieren¨. (Navajo 2018).

Siendo Nabal un hombre mezquino y grosero, tal como lo describe la Escritura, respondió a la peticion de David, con insultos y palabras hirientes.

¿Quién es este tipo? --pregunta Nabal, y continúa--, ¿quién se cree que es este hijo de Isai?

Como vemos, el primer golpe emocional de Nabal a la dignidad de David, va dirigido a su identidad y origen humilde.

El segundo ¨aguijonazo¨ de Nabal fue dirigido a su libertad (segundo pilar de la indentidad).

V. 10 ¿¨Y quién es ese tal David? ¿Quién es el hijo de Isaí? Hoy día son muchos los esclavos que se escapan de sus amos¨.

Nabal, con sus palabras, deliberadamente degrada a David de su posición social de héroe nacional a fugitivo, un hombre sin libertad. En tercer lugar, Nabal tilda a David de un hombre sin integridad, no merecedor de sus bienes y recursos.

V.11 ¿¨Debo tomar mi pan, mi agua y la carne que he destazado para mis esquiladores y dársela a un grupo de BANDIDOS que vienen de quién sabe dónde¨?

Proverbios 15:1 dice: *"La respuesta grosera aumenta el enojo"*. Nabal utiliza sus palabras para exhibir un comportamiento de intimidación, hostigamiento verbal, rechazo social, discrimen y burla contra David. Sin duda, Nabal transformó sus palabras en aguijones de abeja para herir y amargar con su veneno.

El resultado de las palabras de Nabal en David fue un corazón herido y unas emociones secuestradas, en un ser humano que tenía su identidad fracturada y se encontraba desprovisto de la fortaleza y seguridad que provee el valor de la dignidad.

Puedo imaginar, mas no puedo saber con certeza, lo que sienten miles de personas que todos los días son víctimas de palabras hirientes como las que Nabal pronunció contra David. Los golpes emocionales que nos impactan por medio de palabras hirientes pueden resultar en una experiencia realmente dolorosa.

David, habiendo perdido su estatus de héroe de Israel y viviendo en una temporada de persecución, se llena de ira y decide responder al estímulo hiriente que provocan en él, los insultos de Nabal. David determina tomar venganza y se levanta para asesinar a todos los habitantes de la casa de su ofensor a filo de espada. ..."*tomen sus espadas*". David se levantó junto a 400 hombres para tomar venganza contra su¨ *secuestrador emocional*¨.

Como dije al comienzo de mi argumentación sobre la importancia de la dignidad, simbolizada en el vestido nuevo que el padre le entrega al hijo que se había ido y regresó a casa, en el relato de Lucas cap.15, ¡Tener el Vestido de la Dignidad sobre nosotros, nos protege de sucumbir ante agresiones emocionales, como la que Nabal lanzó contra David!

Más adelante veremos en el desenlace de esta historia entre David y Nabal, cómo el lenguaje de una Comunicadora de Esperanza, llamada Abigail, rompe con las ataduras emocionales de David, a través del poder de la palabra profética.

Ahora, volviendo al ejemplo que nos presenta la parábola del Hijo Pródigo, hay un segundo elemento que quiero utilizar para ilustrar el poder de una identidad sana y saludable.

Los golpes emocionales que nos impactan por medio de palabras hirientes pueden resultar en una experiencia realmente dolorosa.

Segundo elemento: Anillo de Integridad

Un anillo era, entonces, y es hoy día, una señal de pacto entre las partes. La acción del padre de recibir a aquel hijo que "había muerto", con un anillo de integridad, simboliza para nosotros hoy, el resultado de aquel perdón otorgado por el padre a un hijo que había perdido su identidad en el camino. Debían mostrarse acciones íntegras por parte del hijo, como fruto de un corazón agradecido por la recuperación de su identidad perdida.

Recordemos que la mayor aspiración del hijo era volver a su casa con identidad de jornalero y no de hijo, pues estaba consciente que al fallarle a su padre había perdido su derecho a heredar como hijo. !Además, este anillo serviría de recordatorio al hijo en aquellos momentos por venir, en los que de seguro se sentiría tentado a regresar por los caminos de los vicios y los placeres que tan caro le habían costado!

Usted puede imaginar a aquel joven, luego de un tiempo en la casa de su padre, luchando con los deseos de volver a experimentar el sabor de lo prohibido, entregándose nuevamente a una vida disoluta. Y en el momento preciso que extendiera su mano para abrir la puerta de su casa y montar sobre su cabalgadura, el resplandor del anillo en su mano actuaría como un memorial del perdón, como un recordatorio del amor del padre. Eso es lo que hace por nosotros el valor de la integridad; regula nuestras acciones para que estas se reflejen en toma de decisiones acordes con nuestra identidad, en lugar de actuar conforme a nuestros sentimientos.

El salmo 1 dice que el justo, quien medita en la ley de Jehová, es como un árbol plantado junto a corrientes de agua que da su fruto a su tiempo y hoja no cae; eso es una descripción del valor de la integridad en nosotros. Porque si tenemos el valor de la integridad como parte de nuestra identidad saludable, daremos el fruto esperado en el tiempo esperado. En otras palabras: nuestras acciones son el fruto que actúa como evidencia externa, y revelan la especie de nuestra semilla, que es interna e invisible. Al igual que con los árboles, la gente espera cosechar de nosotros, el fruto que promete nuestra especie, pues cada árbol da frutos según su género. Lo contrario es fraude y falta de integridad.

Tener el Vestido de la Dignidad sobre nosotros nos protege de sucumbir ante agresiones emocionales, como la que Nabal lanzó contra David.

Tercer elemento: El Calzado de la Libertad

Finalmente, el símbolo que vemos en el calzado nuevo que el padre le entrega al hijo prodigo, al regresar a casa, es el símbolo de la libertad.

Me gusta pensar que este padre de la parábola de Jesús no está otorgando al hijo un perdón condicionado a la restricción de la libertad. ¡No! Este es un perdón sin restricciones.

El Calzado de la Libertad nos permite caminar con sensibilidad ante la condición emocional de los demás, sin dejarnos secuestrar o encarcelar por otros. Caminar en libertad es cancelar la deuda emocional por medio del perdón. El perdón me sirve como una llave para liberar a un cautivo, quien no es otro que Yo mismo. Cuando tú y yo somos espiritual y emocionalmente libres, nadie puede ejercer control sobre nuestras acciones con solo pronunciar palabras ofensivas o degradantes contra nosotros. La libertad es autoridad emocional.

En conclusión y para hacerme entender con claridad:

Para ser líderes de impacto en la vida de quienes nos siguen, debemos comunicar con efectividad, hablando el lenguaje de los que triunfan; y la clave para poder hablar y comunicar con efectividad, inyectando esperanza en los que escuchan, es tener una identidad del ser, sana y saludable, como bien lo postula en sus libros, el doctor José D. Batista, y que hemos explicado por medio de la ilustración del relato de la parábola del Hijo Pródigo. Este recibió de su padre a su regreso a su hogar tres elementos que nos han servido para explicar los pilares de la identidad que postula Batista en su teoría: Un vestido nuevo = dignidad, un anillo = integridad, calzado = libertad.

Te invito a que le pidas a Dios que su Espíritu Santo afirme tu identidad espiritual y te equipe con estos valores, los cuales fortalecerán tu identidad como un líder que habla el lenguaje de los que triunfan.

Cerrando con la identidad y el propósito definido del líder, demos una mirada al ejemplo de Jesús.

En Mateo 13:55, el evangelista narra que cuando Jesús llegó a Nazaret, luego de ministrar en las ciudades vecinas, él enseñaba en la sinagoga, y todos se maravillaban de él.

Pero la pregunta que surge en el panorama es la siguiente: ¿No es este el hijo de José el carpintero?

Obviamente la intención de este comentario no era engrandecer a José el carpintero, por las virtudes que mostraba su hijo, sino todo lo contrario, la médula del asunto en cuestión es intencionalmente restar méritos a Jesús a través del humilde origen de su familia.

Pero lo que verdaderamente importa para nosotros, es que Jesús estaba claro de su identidad. Él trascendía su identidad biológica, su identidad social y su identidad cultural. Después de todo, en el Jordán, él vio los cielos abiertos y escuchó la voz del Padre decir: *"este es mi hijo amado y en él me complazco"*.

Luego de emerger del Jordán, Jesús se fue al desierto, donde fue confrontado por Satanás, quien le tentó, precisamente cuestionando su identidad. Lo que el enemigo no ignoraba era que la dignidad de Jesús como Mesías, ya había sido reforzada por el Espíritu de Dios, al afirmar su identidad, dando testimonio público de él en las aguas bautismales.

"Yo no sé tú, pero cuando las voces de la duda y el desprecio susurran a mis oídos para cuestionar mi identidad, yo solo me enfoco en el resonar de la voz interna del Espíritu del Padre, diciéndome con voz fuerte y clara: ¡Tú eres mi Hijo!

Tener el Vestido de la Dignidad sobre nosotros nos protege de sucumbir ante agresiones emocionales, como las que Nabal lanzó contra David.

Las palabras son como piedras preciosas, ofrecidas bendicen, arrojadas con violencia, hieren¨.
(Navajo 2018).

Capítulo 5

Abigail,
un modelo para esperanza

Bosquejo
Estructura: Propósito + 3 puntos fundamentales

Punto 1. Lenguaje corporal.
Punto 2. Palabras de afirmación para captar la atención.
Punto 3. Comunicación guiada por el Espíritu Santo.

Propósito

Observar y aprender del modelo de mediación de conflictos que nos presenta la biblia a través de Abigail y su estrategia de comunicación, para que así podamos dar esperanza a aquellas personas que necesitan ser libres emocionalmente para poder recuperar su identidad.

EL LENGUAJE CORPORAL QUE ENVÍA UN MENSAJE DE HUMILDAD

Finalicé el capítulo anterior hablando de la importancia de la libertad como un valor fundamental para tener una identidad saludable. Sin embargo, en este capítulo me quiero enfocar en cómo brindar esa libertad emocional a quienes nos rodean, a través del poder de lo que llamo *"comunicación de esperanza"*; que es aquella que se caracteriza por emplear el lenguaje de la fe, *¡El lenguaje de los que triunfan!*

Volvamos por un momento al relato bíblico de 1ra de Samuel Capitulo 25. Porque ahora cobra mayor relevancia para nosotros esta historia, con la entrada en escena de una mujer que asume el papel protagónico de esta historia, al actuar como líder, mediadora de conflictos y comunicadora de esperanza por excelencia. Abigail es, definitivamente, un modelo a seguir para nosotros hoy. Veamos paso a paso, cómo las acciones de Abigail, por medio de sus palabras, liberan a David de su secuestro emocional.

Dice el relato bíblico, que un criado de Nabal llega hasta Abigail con la noticia de las terribles consecuencias que habían provocado las palabras insultantes de su marido.

"Ahora, pues, reflexiona y ve lo que has de hacer, porque el mal está ya resuelto contra nuestro amo y contra toda su casa; pues él es un hombre tan perverso, que no hay quien pueda hablarle".1 de Samuel cap. 25 v, 17.

En primer lugar, Abigail asume con humildad la responsabilidad de pedir disculpas por la ofensa proferida por parte de Nabal contra David, y comienza un proceso de mediación de conflictos y una terapia espiritual de sanidad emocional para David.

Como comunicadora de un mensaje de paz y reconciliación, Abigail comienza su emisión del mensaje, de manera estratégica, utilizando un lenguaje corporal adecuado. Hoy en día sabemos, gracias a estudios muy conocidos sobre comunicación y lenguaje no verbal (como el postulado por Albert Mehrabian), que en gran medida y dependiendo de algunos factores particulares, la percepción del mensaje en la comunicación entre seres humanos se da del siguiente modo: 7 por ciento de la comunicación se atribuye a las palabras, mientras que el 38 por ciento se atribuye a la voz (entonación, proyección, resonancia etc.) y el 55 por ciento al lenguaje corporal (gestos, posturas, movimiento de los ojos, respiración , etc.) (FUNDACION BAHAVIOR & LAW 2015). Esta acción de Abigail nos revela lo valioso que es comprender este principio básico de la comunicación no verbal. Debemos, como comunicadores influyentes, cuidar nuestros gestos al hablar, para que estos no envíen un mensaje contradictorio a nuestros receptores.

Sobre este punto en particular, Nick Morgan, en su articulo, "cómo llegar a ser un orador auténtico", publicado en la revista Harvard Business Review, nos advierte lo siguiente:

"*Si su mensaje y su lenguaje corporal están en desacuerdo o no concuerdan, su audiencia responderá todo el tiempo a su lenguaje no verbal*". Nuestros gestos siempre hablan más alto que nuestras palabras. Debemos tomar en cuenta este principio cuando pretendemos comunicar nuestro mensaje.

> Cuando una persona tiene madurez, puede gestionar sus emociones de manera tal, que su inteligencia emocional se impone a las presiones del momento, permitiéndole tomar decisiones sabias que redundan en beneficio colectivo de su organización.

PALABRAS DE AFIRMACIÓN PARA CAPTAR LA ATENCIÓN

En segundo lugar, Abigail pide permiso para hablar y elige las palabras adecuadas para expresarse. El texto nos revela que Abigail se dirige a David con mansedumbre y reverencia; inclinada ante David, en un acto de reconocimiento al llamado a reinar sobre todo Israel, que estaba depositado en David, ella pronuncia con humildad, las siguientes palabras: *"Que caiga sobre mí el pecado, Señor mío"*. 1 de Samuel cap. 25. Verso 24.

Cuando una persona tiene madurez, puede gestionar sus emociones de manera tal, que su inteligencia emocional se impone a las presiones del momento, permitiéndole tomar decisiones sabias, que redundan en beneficio colectivo de su organización.

Estas cualidades: mansedumbre, reverencia y madurez, deben estar presentes en nuestra manera de comunicar. Como dice Dianna Booher: "Cuando expresamos la verdad de Dios, hablar bien no es una elección, es un mandamiento". (Booher 1994). El fundamento bíblico para esta afirmacion se encuentra en el siguiente verso: *Estad siempre preparados para presentar defensa con mansedumbre y reverencia ante todo el que os demande razón de la esperanza que hay en vosotros.* 1 Pedro 3:15.

En tercer lugar: Abigail, de manera muy astuta, se asegura de captar la atención de David por medio de sus palabras. Abigail emplea la estrategia llamada *palabras de afirmación*. Como escribió Gary Chapman hace más de 25 años, en su libro Los 5 lenguajes del amor: *"Una manera de expresar amor es utilizar palabras que edifiquen. Los cumplidos verbales o las palabras de aprecio son poderosos comunicadores de amor".*

Abigail comienza a utilizar palabras de afirmación que sanan la autoestima de David, y llena de sabiduría comienza a fortalecer su identidad como futuro rey de Israel. Como nos hemos dado cuenta, hay un gran contraste entre las palabras de Nabal y las de Abigail; las de Nabal habían inyectado veneno emocional en el corazón de David, y las de Abigail eran medicina para su alma. Aquí queda evidenciado el proverbio salomónico que dice: *"Hay hombres cuyas palabras son como golpes de espada: Mas la lengua de los sabios es medicina".* Proverbios 12:18.

Las palabras proféticas de Abigail activan las memorias registradas en el alma de David. Las palabras de afirmación de esta comunicadora de esperanza actúan como la llave que abre la puerta de los recuerdos de gracia y favor divinos sobre la vida de David.

No podemos olvidar que la dignidad de David había sido pisoteada por las palabras hirientes de Nabal. Así que cuando esta mujer desconocida, pero evidentemente guiada por el Espíritu de Dios, se postra frente a David, comienza a reconocerle y tratarle como *"mi Señor"*, hombre íntegro y guerrero de Jehová. Él siente que está siendo tratado con la dignidad y deferencia que no le habían sido reconocidas por Nabal...

"Mas te ruego que me permitas que tu sierva hable a tus oídos, y escucha las palabras de tu sierva".

En cuarto lugar, la estrategia de Abigail, guiada por la revelación del Espíritu de Dios acerca del destino profético de David, dio resultado. Sus palabras, sus gestos, su humildad y su madurez constituyen una comunicación terapéutica que surte el efecto de restaurar su dignidad, liberándolo de su cautiverio como rehén emocional.

Nos llegó la hora de actuar como Abigail actuó. Te hago un llamado a que no pases por alto la necesidad que hay frente a ti. El mandato bíblico para nosotros es el de utilizar nuestras palabras para edificar a los demás.

COMUNICACIÓN GUIADA POR LA REVELACIÓN DEL ESPÍRITU SANTO

El poder de la palabra rompió las ataduras de ira y amargura que aprisionaban a David. El factor determinante en la estrategia de Abigail fue el discernimiento espiritual y la palabra profética que ella le comunicó. *Aunque alguien se haya levantado para perseguirte y atentar contra tu vida, con todo, la vida de mi señor será ligada en el haz de los que viven delante de Jehová tu Dios, y él arrojará la vida de tus enemigos como de en medio de la palma de una honda.* 1 de Samuel cap. 25 v.29... *v.30 "y acontecerá que cuando Jehová haga con mi señor, conforme a todo el bien que ha hablado de ti y te establezca por príncipe sobre Israel......"*.

¡En palabras claras! Lo que Abigail está diciéndole a David es: Aunque hoy estés en el peor momento de tu vida, ya Dios declaró una palabra sobre ti, y esa palabra se cumplirá.

El principio implícito en la acción de Abigail es: que cuando Dios usa a alguien para hablarnos de nuestro propósito en la vida, comenzamos a enfocarnos en nuestro destino profético. Esa acción de enfocarnos en nuestro destino profético y su efecto en nuestras acciones del presente, es lo que Edwin Rivera Manso llama ¨El Poder del Enfoque¨. Sobre ese tema abundaré más adelante. Ahora quiero continuar con el efecto de las palabras de esperanza que Abigail sembró como semillas de triunfo en el corazón de David.

Las palabras proféticas de Abigail activan las memorias registradas en el alma de David. Las palabras de afirmación de esta comunicadora de esperanza actúan como la llave que abre la puerta de los recuerdos de gracia y favor divinos sobre la vida de David.

Esas memorias de promesas del pasado anticipaban un futuro glorioso para él, a pesar de que estaba viviendo un proceso de quebrantamiento en su presente.

Estoy seguro de que aquellas declaraciones provocaron en la mente del futuro rey de Israel un viaje en el tiempo hasta aquel episodio archivado en sus memorias de juventud, cuando Dios lo llamó, siendo el menor entre sus hermanos y estando en la intimidad de la pequeña casa de su padre, Isaí.

David habría recordado, que en aquellos años, él no impresionaba a nadie como guerrero, pues carecía de los atributos y la fuerza física que sus hermanos si presumían, olía mal, pues su oficio lo mantenía en el campo junto a las ovejas de su padre, y para colmo, cuando el profeta Samuel preguntó a Isaí por sus hijos, este le presento a 7 y nunca se acordó de David.

Pero lo que estaba bien guardado en la mente y el corazón de David eran las palabras del profeta, que marcaron su vida para siempre. Estoy seguro que David rememoró la acción del profeta, quien, al oír la instrucción de Dios, (levántate y úngelo, porque este es) se levantó y lo ungió como rey, en medio de sus hermanos y frente a la mirada atónita de su padre. Esas memorias se vivificaron en David como resultado de la intervención de Abigail. Así es como trabaja el lenguaje de los que triunfan en la vida de los abatidos; es la llave maestra que abre las puertas de la esperanza profética de lo porvenir. Mientras David viajaba a su pasado a bordo de sus memorias en fracciones de segundos, Abigail atestiguaba su liberación emocional, evidenciada a través de la respuesta de este. Él le dijo: *"Bendito sea Jehová el Dios de Israel, que te envió para que hoy me encontrases, y bendito sea tu razonamiento, y bendita tú, porque me haz estorbado hoy de ir a derramar sangre. Y a vengarme por mi propia mano." 1 de Samuel cap. 25, v. 32-33* Versión RVR 1960.

Las acciones de Abigail fueron una terapia guiada por el Espíritu Santo, que redundaron en la liberación emocional de David.

Debido a que los seres humanos no podemos separar nuestras emociones de nuestra espiritualidad, una intervención espiritual puede liberar y sanar las emociones; así lo afirma el autor, Peter Scazzero, al describir la espiritualidad emocionalmente sana y sus efectos en el ser humano: *"Pocos cristianos involucrados en la espiritualidad contemplativa integran el funcionamiento interior de la salud emocional. Al mismo tiempo, pocas personas involucradas en la salud emocional conforman la espiritualidad contemplativa. Ambas son elementos poderosos y transforman vidas cuando se les tratan por separado. Pero juntas brindan nada menos que una revolución espiritual que transforma los lugares ocultos bajo la superficie"*. (Scazzero Agosto 25, 2015).

Lo que Scazzero nos está diciendo es que una intervención espiritual puede liberar y sanar las emociones del ser humano.

En el campo de la psicología moderna, ya está científicamente evidenciado que, como seres integrales, tenemos una dimensión espiritual, que junto con las dimensiones físicas y psico-emocionales de nuestra condición humana, forman el conjunto de nuestro bienestar holístico. Si esta dimensión espiritual es descuidada y carecemos de refuerzos que nos ayuden a fortalecer la identidad espiritual de nuestro ser, entonces las otras áreas de nuestro ser se verán afectadas a tal grado, que incluso nuestro cuerpo sufrirá las consecuencias, llegando a experimentar dolencias psicosomáticas, entre otras consecuencias serias. Cuando miro la manera en que Dios utilizó a Abigail, me resulta inevitable pensar en cuántos cautivos hoy necesitan ser liberados de las mismas ataduras que aprisionaban la identidad de David.

¡Cuánta ira, cuánta amargura y tristeza aprisionando nuestros hermanos y el potencial que cargan dentro de sí!

Nos llegó la hora de actuar como Abigail actuó. Te hago un llamado a que no pases por alto la necesidad que hay frente a ti. El mandato bíblico para nosotros es el de utilizar nuestras palabras para edificar a los demás. Efesios 4:29 nos dice: *Ninguna palabra corrompida salga de vuestra boca, sino la que sea buena para la necesaria edificación, a fin de dar gracia a los oyentes.*

Según se define, las palabras tienen la facultad de expresar el pensamiento por medio del lenguaje. Hoy te invito: usa tus palabras con responsabilidad, para sanar el espíritu y las emociones de los que te rodean y a quienes están en cautividad emocional.

Usa tus palabras para sanar a los que te rodean y a quienes están en cautividad emocional.

Hay hombres cuyas palabras son como golpes de espada;
mas la lengua de los sabios es medicina.
Proverbios 12:18

Capítulo 6

Utilicemos nuestras palabras
para sanar

Bosquejo
Estructura: Propósito + 4 puntos fundamentales

Punto 1. Una necesidad real y verdadera.
Punto 2. No podemos ser indiferentes.
Punto 3. El resultado de la intervención terapéutica.
Punto 4. Respondiendo a la necesidad.

Propósito

Concienciar sobre la importancia de entender a plenitud el poder que hay en nuestras palabras para sanar emocional y espiritualmente a nuestra gente y entender la magnitud de la responsabilidad social que tenemos al comunicar muestro mensaje.

Quiero pedirte humildemente que consideres cuán importante es usar nuestras palabras de manera sabia y estando conscientes sobre nuestra responsabilidad como comunicadores, a fin de hablar para sanar la necesidad emocional de nuestro pueblo; una necesidad que es real y verdadera.

UNA NECESIDAD REAL Y VERDADERA

Según datos ofrecidos por el Dr. José Rodríguez, profesor de consejería pastoral en el Alliance Theological Seminary en Puerto Rico, las estadísticas de salud mental indican que por cada intento de suicidio reportado, pueden haber existido unos 30 intentos sin reportar. Existen una serie de teorías biológicas, psicológicas, sociológicas y religiosas, que establecen cómo la depresión y el suicidio se relacionan entre sí. Nuestra gente está luchando contra el dolor que le causa la depresión y la ansiedad, entre otras condiciones, las que se manifiestan con síntomas tales como: dificultad para concentrarse, para recordar y para tomar decisiones. Quienes sufren de estas condiciones también somatizan, lo que significa que muestran síntomas físicos persistentes, como dolores que no responden a tratamientos, entre otros. Es interesante cómo la ciencia ha evidenciado que las dolencias que tienen su origen en el alma pueden reflejarse en nuestros cuerpos.

En términos de prevalencia, la depresión es más frecuente entre las mujeres. De acuerdo con el DSM-5, el riesgo de que una persona de la población general padezca, durante su vida, de un trastorno de depresión mayor, ha variado entre un 10% a un 25% para las mujeres y de un 5% a un 12% para los hombres.

Tomemos en cuenta las palabras de la Dra. Lis Milland: *"El 25% de las depresiones son endógenas; eso es una predisposición genética a deprimirse.*

Mucha gente carga con esto internamente, hasta que eventualmente alguna experiencia adversa hará brotar esta condición depresiva. El 75 % de las depresiones son por un evento que desencadena en traumas difíciles de manejar (Milland, 2016). La Dra. Lis Milland, en su libro *El perfil psicológico de Jesús*, concluye que: "hay depresiones que se deciden".

Ante esta afirmación de la ciencia, los comunicadores de la fe tenemos una poderosa promesa de esperanza que debemos utilizar para contribuir a lograr una espiritualidad emocionalmente sana entre los nuestros. Esta promesa la encontramos en los hechos de nuestro Salvador Jesucristo; Él sanaba las dolencias del alma de los afligidos, y sus cuerpos experimentaban salud física. Jesús, según San Lucas, capítulo 5, verso 17- 25, *respondió a los cuestionamientos de los fariseos con la acción de liberar el alma y sanar el cuerpo de un hombre paralítico. "…Pues para que sepáis que el Hijo del Hombre tiene potestad en la tierra para perdonar pecados (dijo al paralítico): A ti te digo: Levántate, toma tu lecho y vete a tu casa. Y luego, levantándose en presencia de ellos, y tomando el lecho en el que estaba acostado, se fue a su casa, glorificando a Dios"*.

Como líderes y comunicadores de esperanza, debemos sentir compasión por las personas que sufren condiciones psicológicas que les limitan. Hay una necesidad real a nuestro alrededor, y Dios nos ha llamado a hablarles de esperanza en medio de la crisis.

El escenario de salud mental y crisis espiritual de nuestra sociedad exige que tomemos acción ya. No podemos ser indiferentes. Debemos tomar acción como la tomó Abigail al ver la crisis que había provocado Nabal al trastornar las emociones de David.

La efectividad de la intervención terapéutica de Abigail, la podemos ver posteriormente en el capítulo 30 de 1ra de Samuel; ahí se evidencia la transformación emocional de David luego de exponerse a las palabras de Abigail, en lo que yo considero fue una intervención guiada por el Espíritu Santo. Dice la historia que en una ocasión posterior a los acontecimientos que ya he narrado, David pudo actuar con madurez emocional y espiritual ante una nueva crisis. En esta ocasión no sucedió lo que nos ha advertido la Doctora Lis Milland, que podría ocurrir en personas emocionalmente vulnerables, las cuales, al exponerse a una experiencia adversa, tal experiencia puede hacer brotar en estas, condiciones como la depresión o la ansiedad, al estar predispuestas por multiplicidad de factores, desde genéticos hasta vivencias particularmente dolorosas, durante sus etapas de desarrollo.

NO PODEMOS SER INDIFERENTES

Veamos ahora cómo la conducta de David, en esta ocasión muestra que él es un hombre liberado de todo secuestro emocional tras su encuentro con Abigail.

Dice la escritura en primera de Samuel capítulo 30 que David, regresa de una campaña militar junto a sus hombres y se confronta con la difícil realidad de que durante su ausencia, la ciudad donde habitaban con sus familias había sido asolada y le habían prendido fuego, llevándose cautivas a sus mujeres y sus niños, incluyendo a las dos esposas de David, Ahinoam y Abigail, nuestra Comunicadora de Esperanza.

¿Cómo reaccionaría David en esta ocasión? ¿Saldría de inmediato con espada en mano a cobrar venganza, guiado por sus impulsos emocionales, como lo hizo cuando se sintió ofendido por las palabras de Nabal?

Todo lo contrario, David reaccionó de una manera muy distinta, mostrando la madurez de la experiencia adquirida a través de la lección aprendida cuando Abigail intervino en su camino.

Hago un paréntesis para decir que del mismo modo que fue necesario que Abigail interviniera en el camino de David para que sanara y madurara emocionalmente, hoy en día es imperativo que nosotros intervengamos en los caminos de personas que están espiritual y emocionalmente enfermas.

Continuando con David, en esta ocasión él toma la decisión de consultar a Jehová antes de tomar un curso de acción. Esta es una señal importante de madurez. Cuando meditamos y buscamos dirección de Dios antes de tomar decisiones, estamos evidenciando que ya no somos guiados por nuestras emociones, sino que nos guía el Espíritu de Dios.

En 1 de Samuel cap. 30, versos 6, dice que: *David se angustió mucho, porque el pueblo hablaba de apedrearlo, pues todo el pueblo estaba en amargura de alma.*

Podemos tratar de maginar lo difícil que es para un líder manejar la amargura de todo un pueblo, mientras él también está en angustia y la gente lo único que hace es responsabilizarle a él por la tragedia. Es precisamente en ese escenario de crisis, donde David emerge como un hombre distinto a aquel que una vez se levantó para derramar sangre inocente en Carmel tras sentirse ofendido por las palabras de Nabal.

La Biblia nos revela que este David que vemos aquí era diferente al David anterior; en esta ocasión David decidió consultar a Jehová antes de actuar.

1 de Samuel cap. 30, verso 8: *David consultó a Jehová, diciendo: ¿Perseguiré a estos merodeadores? ¿Los podré alcanzar? Y él le respondió; síguelos, porque ciertamente los alcanzarás, y de cierto, librarás a los cautivos.*

De esta historia podemos tomar un principio importante para nuestra vida, y es el siguiente: Si nos liberamos de todo secuestro emocional por medio de la reafirmación de nuestra identidad, como dice el Dr. José D. Batista en su Teoría de la identidad del ser saludable, se comenzarán a manifestar en nosotros: la dignidad, la integridad y la libertad como los valores fundamentales de nuestro ser; estos valores son esenciales para que podamos modelar un liderazgo que actúa con madurez. David ahora gozaba del fruto de la libertad en su vida, el cual había brotado de la renovación de su identidad tras su experiencia de sanidad emocional por medio de las palabras de Abigail. Esa libertad en él, es como dice Batista *"el ejercicio de la autoridad interior para no ser esclavo de los demás"* (José D. Batista).

> **Dios nos hace un llamado a cambiar nuestra manera de pensar, para que así nuestro lenguaje y nuestra actitud hacia los demás puedan cambiar.**

TEORÍA DE LA IDENTIDAD DEL SER SALUDABLE COMO HERRAMIENTA PARA SANAR

Estos principios de la Teoría de la Identidad del Ser son enseñados hoy en escuelas de liderazgo en todo el mundo, y se promueven como herramientas para educadores, sociólogos, líderes religiosos... para el pueblo cristiano en general, como los elementos indispensables para la recuperación de los valores. Yo entré en contacto con esta enseñanza a través de la Escuela de Liderazgo Transformativo Jabes Manases, que desarrolló en Puerto Rico el Dr. Jaime Galarza.

A esta experiencia debo mi crecimiento como un comunicador consciente del llamado de Dios a mi vida para asumir responsabilidad social como comunicador de esperanza y fe. Estos valores fundamentales de los que se habla en la Teoría de la Identidad del Ser Saludable son los valores que recuperó David al abrazar su identidad verdadera, aquella que procedía de la revelación de Dios para su vida y no la que él había construido durante su desarrollo humano. Esto ocurrió, como hemos dicho, durante su encuentro con Abigail. (1 Samuel cap.25, v.27-34).

Al tomar conciencia de su identidad como ungido de Dios para gobernar sobre la nación de Israel, David comenzó a sentir que recuperaba su dignidad. La dignidad es definida por el Dr. Batista como: mayordomía del ser. Mayordomía es administración de recursos: este principio se refiere a cómo nos cuidamos a nosotros mismos. *"Nada (bienes), ni nadie (personas)* me hacen, ya somos" (José D. Batista).

Cuando en ti y en mí sucede lo que ocurrió en David, comenzamos a tomar decisiones basadas en estos principios y no basadas en nuestras emociones, para beneficio de aquellos que están cautivos.

¡Lo que estoy queriendo comunicarles es que David fue liberado para liberar, igual que tú y yo!

Como líderes y comunicadores de esperanza, debemos sentir compasión por las personas que sufren condiciones psicológicas que les limitan. Hay una necesidad real a nuestro alrededor, y Dios nos ha llamado a hablarles de esperanza en medio de la crisis.

Es nuestro deber usar nuestras palabras para sanar. En Efesios 4:29, el apóstol nos dice: *"Ninguna palabra corrompida salga de vuestra boca, sino la que sea buena para la necesaria edificación, a fin de dar gracia a los oyentes"*.

Nuestro enfoque al hablar frente a estos hermanos nuestros debe ser ayudarles a superar sus limitaciones. Debemos procurar estar llenos del poder del Espíritu Santo y prepararnos tomando capacitaciones relacionadas con la consejería Cristo céntrica.

Los beneficios para aquellos a quienes logremos alcanzar con nuestras palabras son muchos, pero los resumo en palabras de la Doctora Lis Milland: *"Las personas que logran superar las limitaciones psicológicas son más saludables, lindas, emprendedoras, inteligentes y, sobre todo, felices"*, p.17 (Milland, 2016).

¿QUÉ DEBEMOS HACER PARA RESPONDER A TANTA NECESIDAD?

Nuestra actitud hacia nosotros mismos y hacia los demás debe cambiar. Dios nos emplaza a hacernos responsables de nuestros hermanos. Mientras escribo, resuena en mi espíritu y en mi mente la pregunta de Dios a Caín y la respuesta de este, registrada en el libro de Génesis: *"Y Jehová dijo a Caín: ¿Dónde está Abel tu hermano? Y él les respondió: No sé. ¿Soy yo acaso guarda de mi hermano?* (Gen. cap. 4 v.9 RV1960).

Siendo honestos, demasiadas veces hemos respondido al llamado de Dios a procurar el bienestar espiritual y emocional de nuestros hermanos, con la misma actitud que Caín, la actitud de la indiferencia.

Dios nos hace un llamado a cambiar nuestra manera de pensar, para que así nuestro lenguaje y nuestra actitud hacia los demás puedan cambiar.

"Nuestra actitud está formada por dos cosas: pensamientos y emociones; pero los pensamientos fecundan las emociones; los pensamientos son el lenguaje con el que yo me hablo" (Navajo, 2018) p.81.

Si como dice José Luis Navajo: "*Los pensamientos son el lenguaje con el que nos hablamos a nosotros mismos*", entonces, antes de David encontrarse con Abigail, se hablaba a si mismo con los pensamientos que otros como Nabal, tenían sobre él. Debemos cuidarnos, no sea que terminemos comprando las ideas y conceptos que los demás tienen de nosotros. La palabra de Dios nos invita a cuidar nuestra manera de pensar. El libro de Proverbios, en el capítulo 23, versículo 7, dice, al hablar del hombre: *"Porque cual es su pensamiento en su corazón, tal es él"*. Como he dicho, debemos operar en la dignidad que deriva de la identidad que Dios nos ha dado. Una vez afirmada esa dignidad en nosotros, actuamos en integridad para con nuestros hermanos en necesidad. *"La integridad es mayordomía del carácter, actuar de acuerdo a lo que somos: honestos, veraces, responsables, organizados"*. (José D. Batista).

Mi interés es que estemos fortalecidos para sembrar esperanza actuando con integridad. Debemos salir a predicarles la esperanza a nuestro mundo. Ellos necesitan escuchar expresiones de sanidad, como esta que rescato de un sermón de mi pastor René González, quien afirma: *"Nuestro lenguaje tiene que ser restaurado; porque hay poder en nuestras palabras, y lo que usted declara sobre usted mismo puede cambiarle la vida".* La Biblia nos invita a huir del autoengaño y dejar de repetir las mentiras que otros han afirmado sobre nuestras vidas. Esa es la declaración. Debemos hablar a los afligidos de corazón: ¡Dejen de creer en las mentiras que Satanás les ha dicho a través de los labios mentirosos que se han puesto a su servicio para engañarles, haciéndoles creer que no son dignos, íntegros y libres!

Pero la Biblia afirma que todos somos:

1. Hijos de Dios, porque hemos nacido de la simiente incorruptible de la Palabra de Dios que vive y permanece para siempre. (1Ped 1:23).

2. Perdonado de todos mis pecados y lavado en la Sangre. (Ef.1:7; He. 9:14; Col.1:14; 1Jn.2:12, 1:9).

3. Una nueva criatura. (2Co.5:17).

4. El templo del Espíritu Santo. (1Co.6:19).

5. Libertado de la oscuridad y trasladado al Reino de Dios. (Col.1:13).

6. Redimido de la maldición de la ley. (1Ped 1:18-19; Gá.3:13).

7. Bendecido. (Dt.28:1-14; Gá.3:9).

8. Un santo. (Ro.1:7; 1Co.1:2; Fil.1:1).

9. La cabeza y no la cola. (Dt.28:13).

10. Encima solamente, y no debajo. (Dt.28:13).

11. Santo y sin culpa delante de Él. (1P.1:16; Ef.1:4,6).

12. Elegido. (Col.3:12; Ro. 8:33).

13. Establecido hasta el final. (1Co.1:8).

14. Hecho cerca de Dios, por la sangre de Cristo. (Ef.2:13).

15. Victorioso. (1Jn.5:4; Ap.21:7).

Desarrollar nuestra identidad es reencontrarnos con nuestro ser interior.

Nuestra generación necesita entender que son espíritu, y desde esa realidad deben operar. Aquellos que viven atrapados en las ideas falsas del autoengaño que promueve el postmodernismo, necesitan, como dice Batista: *"Entrar en contacto con los valores fundamentales de la escritura, los cuales promueven un desarrollo interior que el mundo y sus sistemas sociales no pueden proveernos".*

Como seminarista en consejería pastoral, creo y promuevo el que nuestros líderes cristianos se preparen para servir, tomando en consideración una visión cristiana de asistencia en la salud mental, para trabajar en la prevención, manejo y rehabilitación de aquellos individuos que puedan padecer o padecen de problemas de salud mental.

Hoy más que nunca es necesario usar nuestras palabras para sanar. Hago este llamado a la acción, porque el mundo nos necesita con desesperación. Cuando digo mundo, hablo de personas de carne y hueso que sufren esperando una respuesta ¡Y yo creo que esa respuesta eres tú, en el nombre de Jesús!

En el mejor ánimo de ilustrar el camino a seguir para responder a la necesidad de nuestra gente, haré mención de dos modelos o categorías de servicio que usted puede seguir para responder al llamado de Dios a su vida como un comunicador que usa sus palabras para sanar.

Estos modelos son tomados del curso de consejería pastoral en el contexto urbano, dictado por el Dr. José Rodríguez en el seminario teológico de Puerto Rico:

1. Consejería Religiosa: con esta podemos definir la causa del problema o la necesidad como una crisis emocional y espiritual. Ante estas necesidades respondemos con la oración y con la palabra de Dios como fuente de esperanza para el afligido. Para realizar esta tarea no se parte de un entrenamiento formal en psicología, lo que se necesita es tener un sistema de valores provenientes de nuestra fe cristiana para impartir esperanza a quienes nos solicitan ayuda. La meta de este modelo es que las personas tengan una fe fortalecida. Este es el modelo de Comunicadores de Esperanza.

2. Trabajo Pastoral en Salud Mental: Este modelo se enfoca en definir el problema desde la perspectiva de las dificultades en el crecimiento psicológico y religioso. Este modelo lo puedes desarrollar a través de una integración de la psicología y la espiritualidad. Si usted quiere operar en este modelo, es recomendable que se exponga a cursos breves, talleres formales y estudios en consejería. El proceso se caracteriza por escuchar y ayudar a las personas a compartir intensamente sus preocupaciones y a la vez preparar el camino para el poder sanador de Dios.

¿Cómo comunicar la esperanza de la fe, de manera efectiva?

La mejor manera de impactar la necesidad emocional y espiritual de nuestra sociedad contemporánea es manteniéndonos anclados en los valores de nuestra fe; ellos constituyen la plataforma de nuestra identidad espiritual. Al emitir nuestro mensaje desde nuestra plataforma interior llamada identidad del ser, lo hacemos con plena conciencia de nuestra dignidad como personas con identidad sana y seguros de nosotros mismos, libres de presiones por agradar o ser aceptados por otros. Operamos libres de nuestro ego, porque estamos enfocados en el bienestar de los demás.

¿Cuál es la importancia de estos valores en nuestra estrategia de comunicación?

En concreto, actuamos como comunicadores emocionalmente sanos. Nos ayuda a proyectar nuestro contenido de manera concreta, clara y concisa. Precisamos de utilizar palabras comprensibles para nuestra audiencia y evitamos entrar en términos rebuscados o palabrerías excesivas.

En resumen, cuando sabemos que Dios nos ha hecho dignos, no tenemos necesidad de impresionar a nadie. Tome en consideración que todo lo que he escrito en este capítulo solo tiene la intención de despertar en usted el deseo de sanar con sus palabras el dolor emocional de la gente.

Jesús nos dejó su poderosa palabra de fe y esperanza y nos envió a su Espíritu Santo para capacitarnos. Hablar el lenguaje de los que triunfan a aquellos que creen que ya están derrotados, no es opcional, Jesús nos dio un mandato:*"Por tanto, id y haced discípulos a todas las naciones, bautizándoles en el nombre del Padre, del Hijo, y del Espíritu Santo"*. Mateo cap. 28 verso 19 (RV 1960).

HAGAMOS LO QUE NOS CORRESPONDE, HABLEMOS CON LOS AFLIGIDOS EL LENGUAJE DE LOS QUE TRIUNFAN.

La clave es saber cuáles estrategias narrativas son las correctas para cada circunstancia¨. Stephen Denning
(Denning, 2013).

Capítulo 7

Cuatro principios
del lenguaje de los que triunfan

Bosquejo

Estructura: Propósito + 4 principios fundamentales

Principio 1. Una necesidad real y verdadera.
Principio 2. No podemos ser indiferentes.
Principio 3. El resultado de la intervención terapéutica.
Principio 4. Respondiendo a la necesidad.

Propósito

En este capítulo deseo reconocer a cuatro comunicadores de esperanza que han sido muy influyentes en mi desarrollo como persona, como comunicador, y como ministro. Estos modelos de liderazgo ministerial que voy a presentar han sido usados por Dios para entregarme las herramientas que me han convertido en un comunicador de esperanza.

En este capítulo deseo reconocer a cuatro comunicadores de esperanza que han sido muy influyentes en mi desarrollo como persona, como comunicador, y como ministro. Estos modelos de liderazgo ministerial que voy a presentar han sido usados por Dios para entregarme las herramientas que me han convertido en un comunicador de esperanza. Quiero que aprendas de ellos, 4 principios poderosos que te ayudaran a hablar el lenguaje de los que triunfan.

Cada uno de estos líderes me entregó un principio de vida que me ha bendecido y yo te lo quiero comunicar hoy; porque así puedo honrarlos a ellos y al mismo tiempo bendecir tu vida.

Algunos de estos 4 principios los he mencionado en los capítulos anteriores; pero ahora quiero destacarlos y profundizar un poco en su importancia para nosotros.

PRINCIPIO # 1: POR PASTOR RENÉ GONZÁLEZ:
COMUNIQUEMOS VERDADES PROFUNDAS EN LENGUAJE SENCILLO Y CON TRANSPARENCIA.

¨Una historia cuidadosamente escogida puede ayudar al líder de una organización a traducir conceptos abstractos en mandatos significativos para sus empleados. La clave es saber cuáles estrategias narrativas son las correctas para cada circunstancia¨ .Stephen Denning (Denning, 2013).

René González ha sido mi pastor y mi amigo por más de una década; ha influido en mí con su testimonio de vida a tal grado, que mi hijo menor lleva su nombre (Ediel René).

El Pastor René es conocido y respetado por todos nosotros, por ser un cantautor de una poesía refinada, un predicador y autor de profundidad intelectual y teológica, así como un conferenciante motivacional eficaz. Es uno de esos ejemplos de un orador genuino que se esfuerza por conectar con su auditorio de manera abierta y con autenticidad. En cierta ocasión, durante un evento promocional de firma de discos, pude observar cómo el Pastor René enseñaba sobre los principios bíblicos del fruto del Espíritu en la vida del creyente y cómo esos frutos son de bendición para otros que están cerca, pero a veces, esos mismos frutos despiertan la persecución hacia los creyentes.

Recuerdo que René estaba tan deseoso de que todos comprendieran su mensaje, que, sin importar su estatus de renombrado artista de la música cristiana con una trayectoria internacional llena de éxito, con una transparencia sorprendente "abrió su corazón" y comenzó a hablar de cómo había sido su infancia y las difíciles circunstancias que rodearon sus etapas de desarrollo como un niño que había crecido en extrema pobreza.

El pastor René fue abierto y logró conectar con la audiencia de manera efectiva. Todos quedaron cautivados por la realidad de su relato. Él utilizó su pasado difícil y doloroso a su favor como comunicador, transformó su vivencia en una metáfora con elementos cotidianos que sirvió para transferir valores abstractos a través de conceptos comprensibles.

Recuerdo bien cómo los rostros de las personas se iluminaban a medida que escuchaban a René González, describir las viejas paredes de madera apolillada que formaban la frágil y deteriorada estructura de aquella pequeña casita del barrio donde fue criado con sus hermanos. Con la atención de su audiencia ya cautiva, tras revelar su origen humilde el pastor René estaba listo para continuar con su enseñanza a través de un relato de su infancia.

Es importante destacar que esta primera acción que he descrito nos revela la importancia del principio de transparencia y humildad, el cual nos guía a usar nuestro pasado doloroso como vehículo de enseñanza, en lugar de motivo de vergüenza.

Una de las estrategias de comunicación oral más efectiva es la narrativa de cuentos cortos o relatos que encierran dentro si enseñanzas profundas. Como he dicho en capítulos anteriores, el uso de relatos cortos, conocidos como parábolas, fue una de las herramientas de comunicación predilectas de Jesús para comunicar la verdad del reino de Dios.

El relato

El pastor René comenzó a relatar cómo, a través de los agujeros de aquellas paredes viejas, observaba un frondoso árbol de quenepas dulces que estaba justo al frente de su casa, el cual era asediado con piedras y palos por personas que a toda costa querían obtener los dulces frutos que colgaban de sus ramas.

¨Aquel árbol nunca hizo nada para ofender a nadie; pero la gente lo agredía con palos y piedras porque querían comer de él. ¨A pesar del maltrato recibido, aquel árbol nunca dejó de entregar su fruto porque la gente lo agrediera; él solo continuaba dando fruto¨, dijo el pastor René, como conclusión de su relato.

Esa consistencia del árbol, que fructificaba sin quejarse, a pesar de las agresiones del hombre, era la verdad central de su relato, y sirvió para expresar con claridad un principio trascendente de nuestra fe: *La fe nos impulsa a exhibir el fruto del Espíritu en nosotros, a pesar de la oposición y las dificultades que enfrentamos en diversos procesos de vida que amenazan con minar nuestra confianza en Dios.*

René González logró expresar esa verdad de manera clara y comprensible, dejando a un lado su imagen de cantautor con proyección internacional y atreviéndose a hablar con transparencia sobre su origen como niño nacido en una comunidad pobre en Puerto Rico. Esto fue fundamental para lograr una conexión inmediata y proporcionar una sensación de cercanía entre él y su audiencia, que duraría hasta el final de su presentación.

Según el autor Peter Young, desde la perspectiva de la programación neurolingüística, nos indica que modelos de comunicación como este se pueden lograr con algo que él llama "modelo de reflejo", el cual consta de 3 pasos:

1. Informar: descripción, categorización y reconocimiento. Ej. René elije hablar de su difícil infancia en un entorno de pobreza.

2. Reformar: Acción, cambio o intervención que cambia el orden establecido para resolución de problemas. Ej. René narra la historia del árbol de quenepas que estaba sembrado en su casita pobre, el cual daba frutos a pesar del maltrato; decide reformar su significado y lo utiliza como una historia que ilustra lo que él ha aprendido en la vida y desea transmitir a su audiencia.

3. Informar: construcción de significado, asimilación y aprendizaje. (Young, 2002) p.385

Ej. René González dice: "Los creyentes podemos dar, y damos fruto, aun cuando estamos en momentos de dificultad o siendo atacados por otros".

PRINCIPIO #2: POR EL DR. JAIME GALARZA:
SEAMOS COMUNICADORES LIBRES DE SECUESTRO EMOCIONAL

"La libertad está hecha para que el ser humano no se esclavice a sus emociones y necesidades, y pueda actuar con dignidad e integridad". _ (José D. Batista)

He observado que algunos oradores, predicadores o conferenciantes utilizan sus palabras como flechas puntiagudas contra el corazón de su audiencia, porque ellos están hablando desde sus propias heridas sin cicatrizar. Escuché a alguien decir: "el vaso que más corta es aquel que está roto, y la gente que más hiere es aquella que está herida".

Dr. Jaime Galarza Sierra, Fundador de la Escuela de Liderazgo Espiritual Transformativo y Escuela de Consejería Profesional Certificada- Jabes Manases.

Jaime es un padre espiritual para mí, me rescató del conformismo y el estancamiento en el que había entrado mi vida cuando trabajaba como reportero para una cadena radial de noticias, sin culminar mis estudios universitarios; situación que me mantenía acomplejado, frustrado y en constante comparación con mis compañeros de trabajo.

Recuerdo recibir su llamada telefónica justo cuando le pedía a Dios que me ayudara a terminar mi carrera universitaria. Yo había estado orando. Ese día le dije a Dios en oración; Dios, si tú me concedes volver a la universidad a pesar de mis necesidades económicas y mis dificultades, yo prometo dedicarte mi carrera universitaria. Con la respuesta de Dios, entró la llamada del Dr. Galarza.

Su manera de hablarme ese día, reveló que él tenía una visión de mí, que yo mismo no alcanzaba a comprender. Un Eddie Joel Martínez que vine a conocer algunos años después, cuando competí y fui seleccionado como el orador principal de los Actos de graduación de la Universidad Interamericana de Puerto Rico en representación de todos los alumnos que culminamos nuestro bachillerato.

Del Dr. Galarza aprendí el principio de ser un líder con identidad saludable y libre de secuestros emocionales.

Un comunicador libre emocionalmente ejerce la autoridad interior para no responder a los estímulos externos que pueden desenfocarlo mientras comunica su mensaje.

El secuestro emocional es esa acción que otros ejercen sobre ti cuando tu falta de dignidad te hace vulnerable a sus opiniones, y sus acciones terminan definiendo tu manera de actuar.

Aprendí esta verdad en las conferencias de liderazgo del Dr. Galarza, y en mis conversaciones de mentoría que sostenemos regularmente.

Cuando hablo en este libro, de cómo Abigail actuó como una comunicadora de Esperanza, liberando a David del secuestro emocional al cual había sido sometido por Nabal (1 de Samuel cap. 25), estoy comunicando lo que este gran mentor me ha enseñado.

Cuando cito la teoría de la identidad del ser Saludable del Dr. José D. Batista en mis conferencias, aplicándola como la plataforma ideal para una estrategia de comunicación efectiva para el liderazgo de hoy, lo hago porque lo recibí de Jaime Galarza cuando más lo necesitaba, y mi vida fue transformada.

PRINCIPIO #3. PASTOR IVÁN CLEMENTE: SÉ UNA VOZ ALTERNA; HABLA DE ESPERANZA CUANDO TODOS HABLAN DE CRISIS

Yo no sé cómo Dios lo hace, pero yo sé que Dios lo hace
_ Iván Clemente.

Si alguien es merecedor del título ¨Comunicador de esperanza¨, ese es Iván Clemente.

Iván nació en una cárcel, tras haberse gestado en el vientre de una mujer adicta a drogas. Él nunca supo quién fue su padre biológico y su madre lo vio tan enfermo y frágil al nacer, que se lo regaló al capellán de la institución carcelaria donde lo había traído al mundo. Dios lo llamó desde su niñez para predicar el evangelio a las naciones, y así lo ha hecho como misionero, evangelista y conferenciante en cientos de países por varias décadas, al tiempo que alimenta familias en los barrios pobres de Puerto Rico a través de su fundación Kennedy Kids, en el comedor de la Kennedy.

Iván Clemente es un hombre excepcional, con una historia de vida que estoy seguro pronto veremos en la pantalla grande como uno de esos grandes éxitos que produce la industria del cine cristiano.

Recuerdo que cuando Dios me inspiró a llevar cabo la visión de la organización Comunicadores de Esperanza, él fue el primero en comprometerse con hacer de la cumbre de comunicadores de esperanza una realidad en Puerto Rico.

En una de esas cumbres de esperanza que celebrábamos en la ciudad de Guayama, Iván tomó la palabra para impartir su conferencia, y fue entonces cuando nos emplazó a todos, al lanzarnos reto de transformarnos en "Voces Alternas", voces que hablan de esperanza cuando la mayoría habla de crisis.

Este es un principio que caracteriza a aquellos que hablan el lenguaje de los que triunfan.

Ser voces alternas es levantar la voz con la intención de contrarrestar el efecto depresivo que tiene en nuestra sociedad la saturación de los medios de comunicación con noticias que son sensacionalistas y están cargadas de negativismo.

El poder de nuestras palabras es un poder que nace en el ámbito espiritual, y este poder consiste en declarar solo la palabra de verdad. ¡No se trata de pronunciar un "abra kadabra" para que el mundo cambie como por arte de magia! Las soluciones mágicas pretenden obviar los procesos, y cuando obviamos los procesos, abortamos nuestro crecimiento. El punto no es declarar nuestros deseos y caprichos para cambiar todo lo que está ocurriendo en nuestro entorno con la intención de sentirnos cómodos con las circunstancias que nos rodean. Nadie ha dicho que la vida nos garantiza un viaje placentero y libre de aflicciones. Pero seguir el consejo del pastor Iván nos puede ayudar a enfocarnos en la esperanza futura y no en la crisis temporal del presente.

La verdad de las promesas de la palabra de Dios en nuestras bocas es suficiente para transformarnos en esas "voces alternas" que traen sanidad al alma de los afligidos; que son millones de personas con diagnósticos de salud mental incapacitantes, los cuales sufren demasiado al ser expuestos a estímulos de información tóxica que circula en los medios tradicionales, las redes sociales y los medios digitales.

PRINCIPIO #4. POR PASTOR EDWIN RIVERA MANSO:
UTILIZA EL PODER DEL ENFOQUE

Edwin Rivera Manso es un líder "A otro nivel", es un predicador de profundo conocimiento bíblico, el cual combina con su estilo de liderazgo motivacional y sus destrezas de comunicador social, logrando obtener resultados ministeriales asombrosos. Frecuentemente tengo la ocasión de escuchar sus predicaciones y presenciar sus conferencias, y debo decir que siempre soy bendecido por sus enseñanzas.

La que quiero compartirles hoy me bendijo de manera especial. Cuando leí su libro "El poder del enfoque", quedé marcado por esta enseñanza y no puedo pasar por la alto la oportunidad de compartirla con ustedes. En el capítulo 5 de su libro, el pastor Edwin utiliza la historia bíblica de los hermanos Jacob y Esaú (Génesis 25: 29 – 34, versión DHH) para ilustrar esta gran verdad del poder del enfoque en nuestras vidas, y nos dice lo siguiente:

Esaú le dijo a Jacob: "Como puedes ver, me estoy muriendo de hambre, de manera que los derechos de hijo mayor no sirven de nada". (Manso, 2014).

1. El enfoque es una cualidad poderosa que poseen las personas exitosas.

2. Creo que es un peligro vivir desenfocados de nuestro propósito vital y del plan de Dios para nuestras vidas.

3. Esaú, para mí, es el prototipo del cristiano carnal apegado a los gustos mundanos, a los placeres, a todo lo sensual…. Dominado por sus emociones y sus apetitos. Y mostrando el vívido ejemplo de alguien con un gran potencial y habilidad, pero ENORMEMENTE DESENFOCADO". P. 43-44 (Manso, 2014)

Al final del capítulo, el pastor Edwin nos formula la siguiente pregunta;

¿Qué áreas de su vida se están viendo afectadas por el peligro del desenfoque? (Manso, 2014).

Esta pregunta nos confronta con la realidad de que la comunicación que debe brotar de los labios de un comunicador que se precia de hablar el lenguaje de los que triunfan debe ser una comunicación enfocada en impartir esperanza y fe, con responsabilidad social.

Este enfoque debe prevalecer y guiar nuestro corazón en todo ejercicio de comunicación en el cual estemos involucrados a diario.

Enfoquemos nuestra comunicación en los resultados que queremos obtener y no en los obstáculos que podamos enfrentar al momento de comunicar nuestro mensaje. Dios está con nosotros y tendremos éxito en nuestro objetivo de levantar la esperanza de nuestra audiencia, si no desmayamos.

Resumen de los cuatro principios del "lenguaje de los que triunfan":

Principio # 1. Por el pastor René González: Comuniquemos verdades profundas en lenguaje sencillo y con transparencia.

Principio # 2. Por el Dr. Jaime Galarza: Comuniquemos con libertad – Libres del secuestro emocional.

Principio # 3. Por el pastor Iván Clemente: Sé una voz alterna; habla de esperanza cuando todos hablan de crisis.

Principio # 4. Por el pastor Edwin Rivera Manso: Utiliza el poder del enfoque para comunicar con claridad.

Notas Bibliográficas:

1. Booher, D. (1994). Cómo Hablar en Público sin Temor. Vida; Spanish edition.
2. Denning, S. (2013). Telling Tales. En H. B. Review, On Communication (pág. 117). Boston, Massachusetts: Havard Business Review Press.
3. Fleishman, M. (7 de abril de 2017). www.bancomundial.org/es/news/fea. Obtenido de www.bancomundial.org: http://www.bancomundial.org
4. FUNDACIÓN BEHAVIOR & LAW. (19 de febrero de 2015). clublenguajenoverbal.com. Recuperado el 22 de Mayo de 2018, de http://www.clublenguajenoverbal.com
5. José D. Batista, P. D. (s.f.). EL Arbol de la Vida: Teoría de la identidad. Colombia: Centro de Entrenamiento Misionero y Liderazgo.
6. Lis Milland. (2016). El Perfil Psicológico de Jesús. Lake Mary, Florida: Casa Creación.
7. Manso, E. R. (2014). En E. R. Manso, El poder del Enfoque (pág. 47). San Juan, Puerto Rico: fgrb creation / Caribbean office & print.
8. Martínez, J. M. (1984). Hermenéutica Bíblica (Como interpretar las Sagradas Escrituras). Barcelona: Libros CLIE.
9. Milland, D. L. (2016). El Perfil Psicológico de Jesús. Lake Mary, Florida: Casa Creación.
10. Morgan, N. (2013). How to Become an Authentic Speaker. En H. B. Press, HBR´S 10 MUST READS: On Comunication (pág. 10). Boston, Massachusetts: Harvard Business School Publishing Corporation. Narváez,
11. Narvaez, M. (2017). Jesús en el Siglo 21: Un estudio detallado de su vida y obra. Lake Mary, Florida: Casa Creación.
12. Navajo, J. L. (2018). El Contador Historias, una narrativa que te guiara a la grandeza. New Kesington, PA: Whitaker House Español.Navajo, J. L. (6 de marzo de 2018). https://www.facebook.com/AutorJoseLuisNavajo.
13. Recuperado el 6 de marzo de 2018, de https://www.facebook.com/search/top/?q=palabras%20y%20abejas%20jose%20luis%20navajo
14. Scazzero, P. (Agosto 25, 2015). Espiritualidad Emocionalmente Sana. Editorial Vida.
15. Young, P. (2002). El Nuevo Paradigma de la PNL: Metáforas y patrones para el cambio. Barcelona: Ediciones Urano.

www.ingramcontent.com/pod-product-compliance
Lightning Source LLC
LaVergne TN
LVHW051502070426
835507LV00022B/2886